GUÍAS VISUALES

AF276680

TOP **10**
BUDAPEST

Top 10 Budapest

Lo mejor de Budapest

CONTENIDOS

Recorridos por Budapest

Datos útiles

Las listas Top 10 de esta guía no siguen un orden jerárquico en cuanto a calidad o popularidad. Cualquiera de las 10 opciones, a juicio del editor, tiene el mismo mérito.

Portadilla, cubierta y lomo *La asombrosa torre del bastión de los Pescadores con el Danubio a lo lejos*
Contracubierta, desde arriba a la izquierda y en el sentido de las agujas del reloj *El Puente de la Libertad; perfil de la ciudad de Budapest; basílica de San Esteban; bastión de los Pescadores; la abarrotada calle Váci*

Debido a la pandemia de COVID-19 muchos hoteles, restaurantes y tiendas han modificado sus horarios o se han visto obligados a cerrar. Por favor, consulte con cada establecimiento antes de acudir.

Toda la información de esta Guía Visual Top 10 se comprueba regularmente. Se han hecho todos los esfuerzos para que esta guía esté lo más actualizada posible a fecha de su edición. Sin embargo, algunos lugares han podido cerrar y algunos datos, como números de teléfono, horarios, precios e información práctica, pueden sufrir cambios. La editorial no se hace responsable de las consecuencias que se deriven del uso de este libro, ni de cualquier material que aparezca en los sitios web de terceros, además no puede garantizar que todos los sitios web de esta guía contengan información de viajes fiable. Valoramos mucho las opiniones y sugerencias de nuestros lectores. Puede escribir al correo electrónico: **travelguides@dk.com**

Bienvenido a
Budapest

A orillas del Danubio, la capital de Hungría no es una ciudad, sino dos. Buda, con sus calles medievales y sus palacios, se alza en la orilla occidental; Pest, el núcleo comercial y político de la Hungría moderna, se asienta en la orilla oriental. Juntas forman una de las ciudades más fascinantes de Europa. Con la guía Top 10 Budapest ya puede comenzar a explorarla.

Buda está dominada por el **barrio del Castillo,** que se alza sobre un peñón rocoso. Declarado Patrimonio de la Humanidad por la Unesco, tiene un entramado de callejuelas serpenteantes bordeadas de antiguos cafés y restaurantes. Cuenta con algunos de los monumentos más famosos de la ciudad, como el imponente **Palacio Real** y la asombrosa **iglesia de Mátyás.** Al sur se encuentra la frondosa **colina de Gellért,** salpicada de monumentos y baños termales, entre los que destacan los opulentos **baños bizantinos Rudas** y el impresionante **hotel y balneario Gellért** de estilo secesionista. Buena parte de Buda se puede explorar a pie, aunque hay una red de funiculares, trenes históricos y teleféricos que dan acceso a las **colinas de Buda.**

El **puente de las Cadenas,** que une Buda con Pest y que se terminó en 1849, desplazó el corazón de la ciudad de una orilla del Danubio a la otra. Pest destaca por su núcleo comercial y de ocio en torno a la **calle Váci.** También alberga el extenso **parque de la Ciudad** y la emblemática **plaza de los Héroes,** así como el histórico **barrio judío,** conocido por su impresionante **Gran Sinagoga.**

Tanto si se trata de una estancia de un fin de semana como de una semana entera, esta guía Top 10 recoge lo mejor de la ciudad, desde la grandeza de **Buda** hasta el bullicio de **Pest.** Contiene consejos útiles para disfrutar de actividades gratuitas y encontrar lugares fuera de los circuitos habituales, más ocho itinerarios sencillos concebidos para abarcar un amplio abanico de lugares de interés en poco tiempo. Si a esto se añaden inspiradoras fotografías y mapas detallados, se obtiene el compañero de viaje imprescindible. **Disfrute de la guía y disfrute de Budapest.**

Desde arriba y en el sentido de las agujas del reloj: **Interior del Museo Nacional de Hungría;** tallas del bastión de los Pescadores; techo de la Ópera del Estado de Hungría; fachada al Danubio del Parlamento; estatua de un león en el puente de las Cadenas; tracería ornamental; monumento centenario de Isla Margarita

Explorar Budapest

Budapest está repleta de cosas que ver y hacer. Tanto si tiene solo un par de días como si dispone de más tiempo, querrá aprovechar cada minuto. Para ayudarle a conseguirlo, aquí encontrará itinerarios que abarcan los principales lugares de interés de la fascinante capital de Hungría.

El **bastión de los Pescadores** ofrece la mejor vista de la ciudad desde sus torreones cónicos.

Dos días en Budapest

Día ❶
MAÑANA
Suba al **funicular de la colina del Castillo** *(ver p. 49)* hasta el barrio del Castillo y pasee por el recinto del **Palacio Real** *(ver p. 69)* antes de contemplar la colección de arte de la secesión de la **Galería Nacional de Hungría** *(ver pp. 26-29)*.

TARDE
Explore la medieval Buda: la **calle de los Señores** *(ver p. 70)*, la **iglesia de Mátyás** *(ver pp. 30-31)* y la **iglesia de Santa María Magdalena** *(ver p. 71)*. No se pierda las vistas del Danubio desde el **bastión de los Pescadores** *(ver p. 70)*.

Día ❷
MAÑANA
Dedique tiempo al **Museo Nacional de Hungría** *(ver pp. 34-35)* antes de recorrer la **calle Váci** *(ver pp. 18-19)*.

TARDE
Haga una visita guiada del **Parlamento de Hungría** *(ver pp. 12-13)* y visite la **basílica de San Esteban** *(ver pp. 16-17)*. Después, acuda a la **Ópera Nacional de Hungría** *(ver pp. 32-33)*.

Simbología
- Itinerario de dos días
- Itinerario de cuatro días

Cuatro días en Budapest

Día ❶
MAÑANA
Visite **Isla Margarita** *(ver pp. 22-23)*, un sosegado parque situado en medio del Danubio. Asegúrese de no perderse el jardín japonés.

TARDE
Explore el barrio del Castillo, la **calle de los Señores** *(ver p. 70)* y la **iglesia de Mátyás** *(ver pp. 30-31)*, y disfrute de las vistas del **bastión de los Pescadores** *(ver p. 70)*. Pase la tarde relajado en el **hotel y balneario Gellért** *(ver pp. 20-21)*.

Día ❷
MAÑANA
Tome un café en **Gerbeaud Cukrászda** *(ver p. 57)* de la **plaza Vörösmarty** *(ver p. 89)* antes de pasear por la **calle Váci** *(ver pp. 18-19)*. No se pierda la **iglesia parroquial del centro** *(ver p. 42)*.

El **Palacio Real,** o castillo, alberga varios museos, entre ellos, la renombrada Galería Nacional de Hungría.

Día ❸
MAÑANA
Pasee por el dique de Pest hasta el **Parlamento de Hungría** *(ver pp. 12-13)*, deteniéndose en el monumento conmemorativo de los zapatos del Danubio *(ver p. 46)*. Después, explore la adorable **basílica de San Esteban** *(ver pp. 16-17)*, donde se aloja la Santa Mano Derecha del santo.

TARDE
La **Gran Sinagoga** *(ver pp. 36-37)* de inspiración bizantina y su Museo Judío Húngaro *(ver p. 44)* son obligatorios. Después, haga una visita guiada a la **Ópera Nacional de Hungría** *(ver pp. 32-33)* y vaya a una función nocturna.

Día ❹
MAÑANA
Empiece el día en el **Palacio Real** *(ver p. 69)*, visitando la **Galería Nacional de Hungría** *(ver pp. 26-29)* y el **Museo del Castillo** *(ver p. 69)*.

TARDE
Diríjase a las **colinas de Buda** *(ver p. 101)* por el funicular hasta la cima de la **colina de János** *(ver p. 103)*. Suba al **tren infantil** *(ver p. 52)* hasta la torre-mirador de Isabel. Suba a lo más alto y admire las vistas.

TARDE
Permítase el lujo de pasar toda la tarde descubriendo todo lo que el soberbio **Museo Nacional de Hungría** *(ver pp. 34-35)* ofrece.

Top 10 Budapest

La gran escalinata del
Parlamento de Hungría

TOP 10 Lo esencial de Budapest

La capital húngara, importante ciudad de los Habsburgo junto con Viena y Praga, es sin duda grandiosa. Budapest, formada por dos poblaciones —la elevada Buda en la orilla oeste del Danubio y la llana Pest en la orilla este—, cuenta con numerosos lugares de interés histórico.

1 Parlamento húngaro

Vista desde la orilla opuesta del Danubio, la fachada del Parlamento húngaro constituye una de las estampas características de Budapest. Sus salas albergan magníficos tesoros (ver pp. 12-15).

2 Basílica de San Esteban

La basílica de San Esteban, cuya cúpula de 96 m se contempla desde toda la ciudad, custodia la reliquia más peculiar de la ciudad: el antebrazo de san Esteban (ver pp. 16-17).

3 Calle Váci

Durante siglos, esta calle ha sido el centro comercial del país, y sigue siendo el núcleo social y de pequeñas tiendas de Budapest (ver pp. 18-19).

4 Hotel y balneario Gellért

Budapest es famosa por sus numerosos baños termales; los mejores son las piscinas cubiertas y al aire libre del legendario hotel Gellért (ver pp. 20-21).

5 Isla Margarita

Se mantuvo aislada hasta el siglo XIX. Durante mucho tiempo sirvió de retiro para la contemplación religiosa. Hoy, aún apartada y frondosa, resulta perfecta para dar un tranquilo paseo (ver pp. 22-23).

6 Galería Nacional de Hungría

Las seis exposiciones permanentes que ocupan gran parte del Palacio Real de Budapest forman la colección de arte húngaro más valiosa del mundo *(ver pp. 26-29)*.

7 Iglesia de Mátyás

Con su chapitel gótico elevándose sobre el norte de Buda, la iglesia de coronación de los reyes húngaros resulta impresionante *(ver pp. 30-31)*.

8 Ópera Nacional de Hungría

La Ópera Nacional de Hungría fue construida para competir con las de Viena y Dresde. Pone en escena funciones de primera categoría *(ver pp. 32-33)*.

0 metros   500

10 Gran Sinagoga

La mayor de Europa, la Gran Sinagoga *(ver pp. 36-37)* fue construida con estilo bizantino-morisco. También alberga el Museo Judío Húngaro *(ver p. 44)*.

9 Museo Nacional de Hungría

Las magníficas piezas expuestas representan todos los periodos de la turbulenta historia de Hungría *(ver pp. 34-35)*.

TOP 10 ⭐ Parlamento húngaro

En 1846, el poeta húngaro Mihály Vörösmarty escribió con cierta desesperanza: "La patria no tiene casa". Cuando en 1902 Hungría inauguró, tras décadas de trabajos, este magnífico edificio, consiguió no solo un hogar, sino una de las construcciones neogóticas más hermosas de Europa. La mayor sede parlamentaria de la época se convirtió en símbolo de la autoconfianza húngara a principios del siglo XX. Su diseño se debe a Imre Steindl y es uno de los monumentos característicos de Budapest.

1 Vista desde la orilla opuesta

El Parlamento de Hungría resulta maravilloso de cerca, pero parece incluso más hermoso de lejos. Sus chapiteles y simetría se pueden contemplar desde el otro lado del Danubio *(abajo)*.

2 Entrada principal

Inspirada en las Houses of Parliament de Londres y construida sin escatimar un céntimo, está protegida por dos leones esculpidos por Béla Markup y József Somogyi.

3 Joyas de la corona

La corona de san Esteban y el cetro real se sacaron de Hungría tras la Segunda Guerra Mundial y se guardaron en EE. UU. hasta 1978. Hoy se exhiben en el salón de la Cúpula.

4 Salón de la Asamblea

En la Cámara Baja húngara se reúne el Parlamento. Sobre el atril hay un orificio de bala que data de 1912, año en que István Tisza, el orador, sufrió un intento de asesinato.

5 Escalera principal

La suntuosa escalera principal *(izquierda)* está decorada con tres maravillosos frescos. Uno de ellos es la *Glorificación de Hungría* de Károly Lotz, que presenta escenas de la vida de los reyes y santos del país.

6 Sala de la Delegación

En esta sala, vestigio de la monarquía dual (ver p. 76), se reunían los parlamentarios y los delegados ministeriales. Alberga obras de Andor Dudits; las pinturas del techo, *Sabiduría* y *Fortaleza*, son de Károly Lotz.

Salón de la Cúpula 7

El salón de la Cúpula (derecha) se empleaba para celebrar sesiones conjuntas del Parlamento. Cada uno de los 16 pilares que sustentan la cúpula presenta una estatua de un rey o reina húngaros (ver pp. 14-15). Se utiliza para ceremonias oficiales.

IMRE STEINDL

Antes de presentarse al concurso para construir el Parlamento de Hungría, Imre Steindl propuso sus diseños para el Parlamento de Berlín. Sus planos fueron rechazados y ganó el Reichstag de Paul Wallot. La pérdida de Berlín supuso una ganancia para Hungría, ya que la visión de Steindl dio como resultado una obra maestra. Un busto, obra de Alajos Stróbl, le recuerda en la escalera principal.

8 La conquista

La mejor obra de arte aquí es *La conquista*, de Munkácsy. Su ubicación iba a ser la Cámara de los Comunes, pero fue rechazada por considerarse poco fiel al primer contacto entre los invasores magiares y las tribus de Panonia (como un encuentro pacífico en lugar de una conquista).

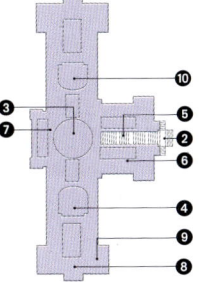

Parlamento húngaro

9 Oficina del primer ministro

Está cerrada al público, pero se pueden admirar las salas de recepción, decoradas con cuadros de Géza Udvary y Antal Diósy.

INFORMACIÓN ÚTIL

PLANO J1 ▪ V, Kossuth Lajos tér 1-3
▪ 06 1 441 49 04; 06 1 441 44 15
▪ www.parlament.hu

Horario 8.00-16.00 todos los días. Más información en el centro de visitantes

Entrada: 3.500 Ft para residentes en la UE y 6.700 Ft para el resto

▪ La única forma de ver todos los lugares de interés del edificio es mediante una visita guiada cuando no hay sesión.

▪ Conviene visitar la página web www. jegymester.hu/parlament para reservar entrada.

▪ El Parlamento no tiene cafetería, pero hay una en el centro de visitantes y muchas otras opciones en los alrededores.

10 Salón del Congreso

La Cámara Alta (arriba) no se utiliza para legislar desde 1944, año en que Hungría se convirtió en Estado unicameral. Luce un cuadro de Zsigmond Vajda con el monje Astrik entregando a san Esteban su corona.

Estatuas del salón de la Cúpula

Estatua del príncipe Árpád

(1) Príncipe Árpád
Fue elegido jefe de las tribus magiares poco después de que éstas se asentaran en las llanuras de Panonia en el año 896. Los magiares procedían de los montes Urales, en la actual Rusia.

(2) San Esteban
San Esteban (István) fue nombrado duque de los magiares en el año 997. Adoptó el cristianismo poco después y el papa Silvestre II le coronó rey en 1001.

(3) San Ladislao
Ladislao (László I), rey de Hungría entre 1077 y 1095, se enfrentó con éxito a turcos y cumanos, y se anexionó Croacia en 1092.

(4) András II
András II, hijo del rey Béla III y hermano de Emeric (Imre), fue coronado en 1205. Expandió el territorio magiar hacia el este, conquistando zonas de Transilvania y animando a gran número de magiares a asentarse en la región.

(5) Béla IV
Tras ser derrotado por los tártaros en 1241, sobrevivió para reconstruir Hungría, devastada y abandonada por los invasores un año después. Los 25 años de paciente reconstrucción que siguieron le cubrieron de grandeza.

(6) Luis I
Coronado en 1342, Luis (Lajos) gobernó durante 40 años y amplió el reino magiar gracias a sus victorias sobre Venecia y Dalmacia entre 1357 y 1358. En 1370, tras la muerte de su tío, el rey polaco Casimiro III, se unió políticamente a Polonia y dirigió los dos países hasta su muerte en 1382.

(7) János Hunyadi
Hunyadi nació en la región rumana de Valaquia, en una familia noble que había servido largo tiempo al rey húngaro Segismundo (Zsigmond). Era un hábil comandante y se convirtió en gobernante de Transilvania en 1441 y regente de Hungría en 1446. Es recordado por derrotar a los turcos en la batalla de Belgrado de 1456.

(8) Mátyás Corvinus
Mátyás, el segundo hijo de János, nació en Cluj-Napoca, en Transilvania, y se le considera el rey húngaro más destacado. Fue coronado en 1458 con 15 años. Era un hombre del Renacimiento, que valoraba las ciencias, las artes y la arquitectura, e invitaba a humanistas y artistas extranjeros a su corte. La primera

Estatuas del salón de la Cúpula

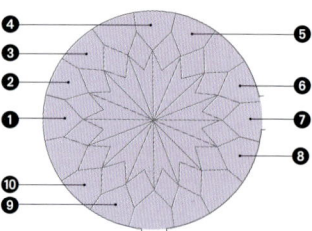

imprenta y biblioteca húngara se fundaron durante sus 32 años de reinado.

9 Carlos III

En 1687, Hungría sucumbió a la dominación austriaca y renunció a su derecho a elegir rey. Los Habsburgo heredaron el trono y Carlos VI, último emperador del Sacro Imperio por línea directa de los Habsburgo, se convirtió en Carlos VI de Bohemia y Carlos III de Hungría. Empleó gran parte de su reinado en asegurar la sucesión de su hija, María Teresa.

10 María Teresa

Ascendió al trono en 1740, consolidando la posición de Hungría como parte integrante del imperio Habsburgo. Buda se convirtió en una

Interior del salón de la Cúpula

ciudad imperial. Durante su reinado se construyó el maravilloso Palacio Real de los Habsburgo. La ciudad también se erigió núcleo del arte centroeuropeo, solo superada por Viena. María Teresa gobernó Hungría hasta su muerte en 1780.

EL SALÓN DE LA CÚPULA

El salón de la Cúpula fue la primera zona del Parlamento que se terminó, en 1896. En él tuvo lugar una sesión especial durante las celebraciones del milenario de Budapest. Su cúpula de 16 secciones –cuyos 96 m la igualan en altura a la de la basílica de San Esteban– fue diseñada para crear sensación de amplitud. Los 16 pilares que la sujetan está decorados con la estatua y el escudo de armas de gobernantes húngaros. Además de los 10 mencionados aquí, las seis estatuas restantes representan (en el sentido de las agujas del reloj) a Könyves Kálmán, András III, István Báthory, István Bocskai, Gábor Bethlen y Leopoldo II.

Magnífico techo del Salón de la Cúpula

TOP 10
HITOS EN LA HISTORIA DEL PARLAMENTO

1 1885 Se colocan los cimientos, 12 octubre

2 1896 Primera sesión del Parlamento, 15 marzo

3 1902 Se termina el edificio del Parlamento

4 1912 Intento de asesinato contra el orador, 4 junio

5 1920 Tratado de Trianon: Hungría pierde dos tercios del territorio, 4 junio

6 1944 Hungría se convierte en unicameral

7 1956 El 23 de octubre, levantamiento armado contra el régimen soviético. Los tanques intervienen y se instaura un nuevo gobierno

8 1958 Ejecución del primer ministro Imre Nagy, 16 junio

9 1989 Los comunistas proclaman la república y convocan elecciones multipartidistas, 23 de octubre

10 1990 Los parlamentarios toman sus escaños, 2 mayo

Basílica de San Esteban

La basílica de San Esteban, dedicada al santo homónimo, resulta visible desde toda Budapest. Este monumento, espléndidamente iluminado por la noche, es quizás el más fotografiado de la ciudad. Su cúpula alcanza la misma altura (96 m) que la del Parlamento y alude al año 1896, que conmemoraba un milenio de presencia magiar en Hungría. Se levantó entre 1851 y 1905 en forma de cruz griega y es obra de tres arquitectos sucesivos: Hild, Ybl y Kauser.

① Altar mayor
El altar mayor *(abajo)* de la basílica está dominado por una estatua a tamaño natural de san Esteban (rey István), obra de Alajos Stróbl. Las pinturas que lo flanquean, del artista decimonónico Gyula Benczúr, representan escenas de la vida del rey-santo.

④ Cúpula y mosaicos
Miklós Ybl diseñó la cúpula neorrenacentista en 1867, después de que la original –obra de József Hild– se hundiera a causa de la mala calidad de los materiales. Está decorada con mosaicos *(derecha)* de Károly Lotz. Hay un ascensor y una escalera para acceder al mirador.

② Entrada principal
La inscripción en latín colocada sobre la entrada principal de la basílica reza: Yo soy el camino, la verdad y la vida. Por encima de la leyenda, varias imágenes de santos húngaros adoran a la Virgen María y el niño Jesús.

⑤ Torre norte
La campana de 9.144 kg de la torre norte *(abajo)* fue costeada por católicos alemanes, en compensación por el robo de la original por parte de los nazis durante su retirada de Budapest al término de la Segunda Guerra Mundial.

③ San Gellért y san Emeric
La estatua de san Gellért y su pupilo, san Emeric (Imre, hijo de san Esteban), colocada en una pequeña nave en el centro del vestíbulo principal, es obra de Alajos Stróbl. Enfrente, la estatua de santa Isabel es obra de Károly Senyei.

⑥ Tesoro
La réplica de la corona santa húngara es la pieza principal de esta pequeña colección de joyas sacras. La corona original de san Esteban *(ver p. 14)* está guardada en el Salón de la Cúpula del Parlamento húngaro *(ver pp. 12-15)*. También hay expuestos regalos de diversos papas a los reyes húngaros.

7 Santa Diestra

El antebrazo momificado de san Esteban (*izquierda*) se guarda en la capilla de la Santa Diestra, cerca del altar mayor. Béla IV lo llevó a Dubrovnik, en Croacia, en el siglo XIII para protegerlo de los tártaros. Tras un periodo en Viena y en el Palacio Real de Buda, se trasladó aquí el 20 de agosto (día de san Esteban) de 1945.

CONCIERTOS DE ÓRGANO

El órgano de la basílica fue construido por Angster e Hijos de Pécs, e instalado en 1904. En la época, era considerado el mejor del mundo. El órgano se amplió en 1934 y hoy se compone de 5.898 tubos. Se puede escuchar en los conciertos de órgano que se celebran en la basílica ocasionalmente.

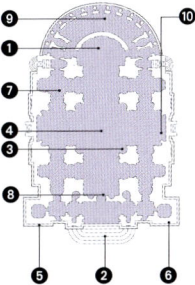

Basílica de San Esteban

10 Cuadro de Gyula Benczúr

El cuadro de *San Esteban*, de Gyula Benczú, es una de las obras más importantes del canon artístico húngaro. Representa al rey –que murió sin heredero– ofreciendo la protección del país y la corona a la Virgen María.

8 Pórtico principal

El pórtico de roble está decorado con medallones que representan los rostros de los 12 apóstoles. Pese a su antigüedad, las tallas siguen siendo impresionantes.

9 Imágenes de los 12 apóstoles

La columnata trasera luce 12 magníficas estatuas de Leó Feszler que representan a los 12 apóstoles. Debajo, hay una hermosa logia neoclásica.

INFORMACIÓN ÚTIL

PLANO L2 ■ V, Szent István tér ■ 06 1 317 28 59

Basílica: 9.00-19.00 lu-sá, 7.45-19.00 do

Tesoro y cúpula: 10.00-18.30 todos los días (hasta 17.30 abr-may y oct, hasta 16.30 nov-mar)

Entrada: 2.000 Ft para el tesoro y la cúpula

Visitas guiadas: 9.30-16.00 todos los días con cita previa (correo electrónico: turizmus@basilica.hu); entrada: 12.700 Ft

Los donativos a la iglesia son bien recibidos.

■ Cada año, en el día de San Esteban (20 ago), los párrocos de la basílica pasean la Santa Diestra por delante de largas colas de gente que espera frente al templo. Conviene llegar temprano para contemplarlo.

■ Es muy aconsejable escoger uno de los muchos restaurantes y cafés situados frente a la entrada principal de la basílica.

Calle Váci

La calle Váci o Váci utca es una de las calles más famosas de la ciudad. Está dividida en dos –la parte norte para comprar y la sur para beber y comer–, rebosa vida de día y de noche y es el centro comercial y social de la ciudad. Hay muchos edificios del siglo XIX y principios del XX. Está peatonalizada en su mayoría, aparte de dividida en dos por la carretera de acceso al puente de Isabel. Para descubrir el verdadero ambiente de Budapest, es necesario recorrerla en su totalidad.

1 Gerbeaud Cukrászda

Desde el año 1858, el café Gerbeaud Cukrászda (*arriba*) es el más popular de Budapest por su suntuosa decoración (*ver p. 57*). Lo más posible es que esté lleno.

2 Estación de metro de la plaza de Vörösmarty

Las paredes alicatadas, las taquillas de madera y los andenes de esta estación de 1903 recuerdan el encanto del metro de otra época. Los pequeños trenes amarillos también resultan fascinantes.

3 Philanthia

Esta floristería de estilo Secesión abrió en 1905 y hoy ocupa parte de la manzana neoclásica del nº 9. Fue construida en 1840 por József Hild y estuvo ocupada por la taberna de los Siete Electores, que tenía un gran salón de baile y conciertos en el que tocó Franc Liszt cuando tenía 12 años.

4 El paseo

Merece la pena recorrer la calle Váci (*derecha*) en su totalidad, desde la plaza de Vörösmarty hasta Vámház körút, y disfrutar por el camino del ambiente y de la increíble arquitectura de los edificios que hay en sus calles. Durante el verano está abarrotada.

5 Palacios Klotild

Los palacios Klotild (*abajo*) son dos espléndidos edificios gemelos que dan acceso al puente de Isabel. Fueron encargados por la archiduquesa Klotild, nuera del emperador Franz József, y se terminaron en 1902. En su interior hay sobre todo tiendas, oficinas y el lujoso hotel Buddha-Bar (*ver p. 115*).

6 Casa Thonet

Construida entre 1888 y 1890 por Ödön Lechner y Gyula Pártos, perteneció a una rica familia. Cerámica de Zsolnay (*derecha*) adorna las paredes, mientras que la tienda vende cristal exclusivo.

7 Iglesia municipal de San Miguel

Esta iglesia *(izquierda)*, construida hacia 1230, fue destruida por los turcos en 1541, reconstruida en 1701 y restaurada entre 1964 y 1968. Su sencillo exterior esconde un rico interior con un púlpito de oro.

CALLE VÁCI

El nombre de la avenida más famosa tiene un origen sencillo. Esta calle (utca) era la principal vía de unión entre Pest y la ciudad de Vác *(ver p. 65)*, a 40 km al norte de Budapest. La puerta que conducía a Vác se encontraba en Váci utca nº 3.

8 Palais Herend

La cerámica de Herend es famosa por su complejidad y calidad. Éste es uno de los pocos lugares don de se pueden encontrar piezas genuinas.

9 Mercado Central

En la planta baja del mayor mercado de Budapest *(ver p. 59)* hay varios puestos de verduras. Sus especialidades son el salchichón especiado *kolbász* y el queso de cabra. En la planta alta se vende artesanía.

INFORMACIÓN ÚTIL

PLANO C4-C5

Gerbeaud Cukrászda: V, Vörösmarty tér 7-8; 06 1 429 90 00; 9.00-21.00 todos los días; www.gerbeaud.hu

Philanthia: V, Váci utca 9; 0670 933 22 66

Casa Thonet: V, Váci utca 11

Palais Herend: V, József Nádor tér 10-11; 06 20 241 57 36; 10.00-18.00 lu-vi, 10.00-14.00 sá

1000 Tea: V, Váci utca 65; www.1000tea.hu

▪ Como en todas las calles turísticas, hay que tener cuidado con los carteristas y con cualquiera que se acerque para pedir indicaciones.

▪ La mayoría de los lugares son caros y algunos tienen una dudosa política de precios. Conviene asegurarse de que los precios están indicados en el menú y revisar la factura con cuidado.

10 1000 Tea

La calle Váci tiene variedad de sitios para comer, tomar un refresco y pasar las horas, pero el lugar ideal para relajarse es 1000 Tea. Este tranquilo café ofrece una amplia variedad de tés de todo el mundo. Es un lugar adecuado para descansar en un día de compras.

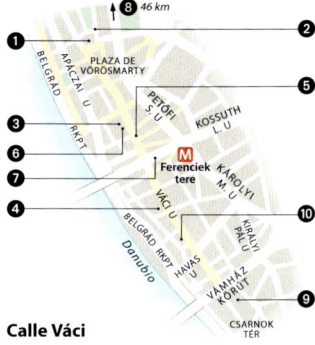

Calle Váci

TOP 10 ⭐ Hotel y balneario Gellért

Este balneario es el mejor de Budapest. Su piscina central es un ejemplo excelente de arquitectura neoclásica en Hungría y el lugar ideal para disfrutar de las aguas termales de Budapest. El hotel es una bella construcción modernista de estilo Secesión, construida entre 1912 y 1918. Los bombardeos de la Segunda Guerra Mundial lo dañaron y fue reconstruido a finales de la década de 1940.

1 Fachada

La fachada estilo Secesión del hotel Gellért *(abajo)* resulta imponente. El edificio fue construido durante la etapa final del imperio Habsburgo, cuando Hungría estaba a punto de independizarse.

2 Vestíbulo principal del hotel

Con elaborados mosaicos y enormes estatuas, es un viaje al pasado. El personal se muestra amable con los visitantes que solo quieren contemplarlo.

3 Escalera principal

El diseño de las vidrieras *(derecha)* que decoran los rellanos es obra de Gyula Bozó. Relatan la leyenda de un ciervo mágico, recogida en los poemas de János Arany.

4 Piscina central

Esta impresionante piscina neoclásica *(arriba)* es la parte más hermosa del balneario Gellért. Está rodeada de altas galerías y columnas de mármol y decorada con vistosos mosaicos. Es obligatorio el gorro de baño en esta zona del balneario.

5 Salas de vapor y saunas

Además de las aguas curativas de las piscinas, también hay salas de vapor (conocidas como saunas húmedas) y saunas finlandesas tradicionales (a veces llamadas saunas secas). La entrada a ambas está incluida en el precio de un billete estándar de acceso a los baños.

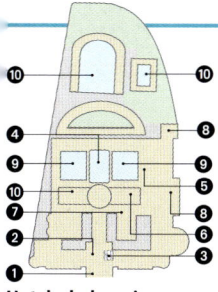

Hotel y balneario Gellért

⑦ Baños privados

Por un suplemento, los huéspedes pueden reservar un baño termal privado (con antelación). El baño privado está diseñado para parejas y la experiencia incluye champán, postre de mazapán Szamos y acceso a una sauna privada.

⑧ Torres de estilo oriental

Aunque el Gellért es un edificio principalmente secesionista, sus torres cilíndricas de estilo oriental recuerdan los antiguos baños turcos que ocuparon este lugar.

Baños termales ⑨

Sus aguas medicinales se descubrieron en el siglo XIII, durante el reinado de András II. En la Edad Media, se construyó un hospital en este lugar. Hoy, ofrece una gran variedad de baños termales *(derecha)* a diversas temperaturas y masajes y baños privados.

AGUAS MEDICINALES

Budapest es famosa por sus balnearios, que desempeñan un importante papel en la vida de la ciudad. Los residentes conceden gran importancia a las propiedades curativas de sus aguas. Para muchos de los habitantes con mayor edad, los baños siguen siendo tan importantes como lo fueron para los otomanos, que fueron los primeros en explotar los casi 120 manantiales termales de Budapest. Las aguas termales de la ciudad contienen en su mayoría altos niveles de sulfuro y se dice que resultan especialmente efectivas para el reumatismo, la artritis y el Parkinson.

⑥ Vestíbulo del balneario

La entrada al balneario se divide en tres vestíbulos. El techo acristalado del vestíbulo central es la estrella, aunque los otros dos también resultan maravillosos. Se pueden admirar sin tener que pagar la entrada al balneario.

⑩ Piscinas al aire libre

En verano, los bañistas acuden a las piscinas al aire libre y soláriums. La principal piscina al aire libre fue una de las primeras del mundo en contar con un mecanismo de olas artificiales, todavía en uso.

INFORMACIÓN ÚTIL

PLANO L6

Danubius Hotel Gellért: XI, Szent Gellért tér 1; 06 1 889 55 00; cerrado por reforma; www.danubius hotels.com/gellert

Balneario Gellért: XI, Kelenhegyi út 4; 06 1 466 61 66; 9.00-19.00 todos los días.

Entrada: 5.900 Ft lu-vi, 6.200 Ft sá y do (las taquillas son más económicas que las cabinas; www. gellerbath.hu)

· ·

■ Para reponer fuerzas después de un día en los baños, se recomienda pedir uno de los enormes platos de tapas del Palack Borbar *(ver p. 79)*, justo al otro lado de la calle. También hay excelentes vinos.

■ Los bañadores y toallas se pueden alquilar en el balneario, pero son caros.

■ La entrada estándar a Gellért incluye acceso a baños, piscina, sauna y baño de vapor. Los tratamientos especiales llevan un coste adicional.

🔟 ⭐ Isla Margarita

Isla Margarita (Margitsziget), habitada desde la época romana, conforma un verde y tranquilo oasis en medio del Danubio. Recibió su nombre de la princesa Margit, hija del rey Béla IV, del siglo XIII, que pasó la mayor parte de su vida en el antiguo convento de la isla. Fue un popular coto de caza para los reyes medievales. La isla es zona de recreo para los habitantes de Budapest desde 1869.

② Iglesia franciscana

En el centro de la isla, se encuentran las solitarias ruinas de una iglesia franciscana del siglo XIV *(izquierda)*. Aún se conserva una hermosa ventana en arco y una escalera.

③ Iglesia de San Miguel

La iglesia de San Miguel, el edificio más antiguo de la isla, se fundó en el siglo XI, pero fue destruida por los turcos en 1541. Los visitantes pueden ver una reconstrucción de la década de 1930 realizada con materiales rescatados del edificio original.

⑤ Jardín japonés

La zona ajardinada más encantadora de la isla es el jardín japonés *(abajo)*, en su extremo norte. Hay estanques con lirios, rocas y cascadas.

① Convento Dominico

Uno de los monumentos más importantes de la isla son las ruinas de un convento dominico del siglo XIII. Fue fundado por Béla IV, cuya hija Margit vivió en él desde 1251. Una placa en la iglesia señala el lugar donde está enterrada.

④ Monumento del Centenario

El monumento modernista del Centenario *(izquierda)* se erigió en 1973 como recuerdo a la unión entre Buda, Óbuda y Pest que creó Budapest en 1873.

INFORMACIÓN ÚTIL

PLANO B1 ■ XIII, Isla Margarita (Margitsziget)

■ La forma más sencilla de llegar a Isla Margarita es tomar el autobús n° 26 en la estación Nyugati. Sin embargo, lo más agradable es hacerlo en barco. En verano, la línea de ferris D12 recorre el Danubio y tiene dos paradas en la isla, cerca del monumento del Centenario y los hoteles del norte. Consulte horarios en bkk.hu/en.

■ Para almorzar, acuda al balneario Palatinus para tomar *lángos* (buñuelos salados y fritos) y perritos calientes. Para una comida formal, se recomienda el Ensana Thermal Margaret Island.

6 Depósito de agua

El depósito de agua *(abajo)* protegido por la Unesco, fue construido en 1911 y se utiliza como sala de exposiciones durante el verano. Tiene 57 m de altura y una galería que ofrece vistas de la isla.

8 Fuente musical

De marzo a octubre entra en acción por la mañana y por la noche lanzando agua al ritmo de una pieza clásica y una canción popular. En las funciones de noche se añaden luces de colores.

PRINCESA MARGIT (MARGARITA)

Tras los horrores de la invasión mongola y la destrucción de Budapest entre 1241 y 1242, el desesperado rey Béla IV prometió ofrecer su hija a Dios a cambio de que los mongoles nunca regresaran. En 1251, Béla envió a su hija Margit de nueve años al convento de la isla, donde permaneció el resto de su vida. Los mongoles jamás volvieron.

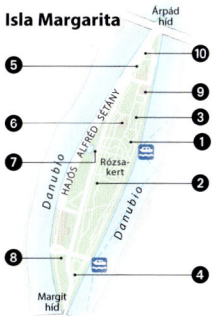

Isla Margarita

10 Pozo Bodor

El pozo musical de Bodor *(abajo)* es una copia de un pozo desaparecido que se había construido en 1820 en Târgu Mures, Rumanía. Esta copia data de 1936 y ofrece música grabada cada hora.

7 Balneario Palatinus

El complejo de piscinas al aire libre mayor de la ciudad data de 1919. Está lleno todo el día. Las aguas medicinales se bombean desde los manantiales de la isla *(ver p. 49)*. Hay toboganes de agua y piscinas especiales para niños.

9 Ensana Thermal Margaret Island

Este legendario hotel, diseñado por Miklós Ybl, se inauguró en 1872. Durante años, fue el más moderno de la ciudad y atraía a la aristocracia de toda Europa. Hoy dispone de un balneario contiguo *(ver p. 49)*.

Páginas siguientes *Puente de las Cadenas, sobre el Danubio*

TOP 10 ⭐ Galería Nacional de Hungría

La Galería Nacional de Hungría tiene su sede en el Palacio Real desde 1975, cuando una parte del edificio se dedicó a ella. Se exhiben obras que abarcan desde la Edad Media hasta la actualidad. Cuenta con seis exposiciones permanentes, donde está representado lo mejor de las bellas artes húngaras. La colección es compartida con el Museo de Bellas Artes (ver p. 95) y en ella abunda especialmente el arte de la Secesión (ver p. 29).

1 Reconquista del castillo de Buda en 1686
Gyula Benczúr pintó esta obra maestra *(abajo)* para el milenario en 1896. Quería resaltar la importancia del gobierno austrohúngaro señalando que Hungría solo había conseguido liberarse del protectorado turco gracias a Carlos de Lotharingia y Eugenio de Saboya.

2 Merienda en mayo
Pintado en 1873 por Pál Szinyei-Merse, *Merienda en mayo* recuerda a los impresionistas franceses. La figura tumbada de espaldas es el propio artista.

3 Mujeres de Eger
Además de hermosos retratos, Bertalan Székely pintó obras históricas que representan, en estilo romántico, a personajes femeninos, sencillos y heroicos. *Mujeres de Eger* (1867) muestra a las mujeres de la ciudad defendiendo el castillo de Eger.

4 Cripta de los Habsburgo
Esta cripta conforma un conjunto neoclásico de mármol blanco y negro y pan de oro. El acceso está restringido únicamente a las visitas guiadas.

5 Gran salón del trono
Esta sala está dedicada por completo a los retablos góticos de los siglos XV y XVI. Los mejores, pintados en 1520, son los de santa Ana y san Juan Bautista y proceden de una iglesia de Kisszeben (hoy Sabinov, en Eslovaquia).

6 La Visitación
Nada se sabe de la vida del maestro M. S., principal representante de la pintura gótica tardía en Hungría. Su mejor obra *(arriba)*, de entre 1500 y 1510, muestra el encuentro de la Virgen María y su prima santa Isabel.

7 El aprendiz bostezando
El aprendiz bostezando (1867) *(abajo)* es una famosa y apreciada obra de Mihály Munkácsy, el mejor pintor realista de Hungría. Se elogia su detallismo.

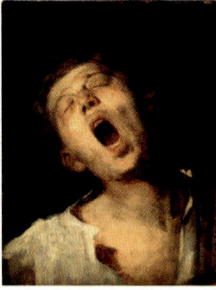

8 Entrada principal
La fachada barroca tardía, parte del palacio de María Teresa del siglo XVIII, muestra influencias eclécticas.

Ave cantora ⑨

Károly Ferenczy fue uno de los mejores artistas de Hungría de finales del siglo XIX. *Ave cantora (derecha)*, pintada en 1893, es una de sus mejores obras. Supone un alejamiento del "naturalismo delicado" de artistas franceses como Jules Bastien-Lepage y se orienta hacia un estilo propio.

MIHÁLY MUNKÁCSY

Mihály Munkácsy, considerado uno de los mejores artistas de Hungría, comenzó su carrera tiñendo madera. Tras terminar su primer gran cuadro en 1869, con 25 años, se trasladó a París, donde pintó una serie de obras maestras, como *Mujer haciendo mantequilla* y *Mujer con maleza*, ambas expuestas en la Galería Nacional. Murió en 1900, a los 55 años, en París.

Plano de la Galería Nacional de Hungría

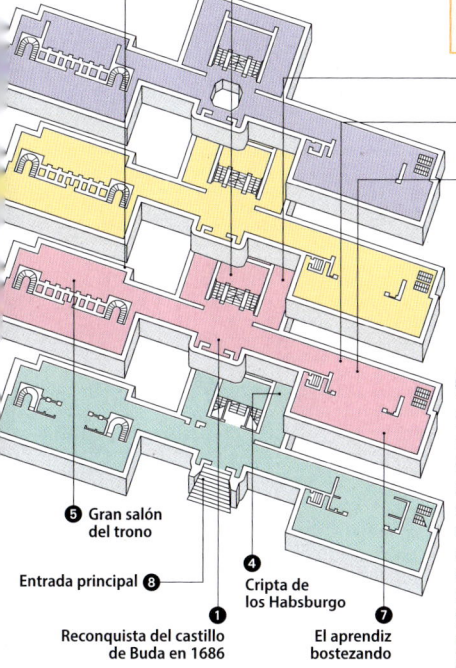

La Visitación ⑥

⑨ Ave cantora

⑩ Mujer bañándose

❸ Mujeres de Eger

❷ Merienda en mayo

Plano
- 🟩 Planta baja
- 🟥 Primera planta
- 🟨 Segunda planta
- 🟦 Tercera planta

❺ Gran salón del trono

Entrada principal ❽

❹ Cripta de los Habsburgo

❶ Reconquista del castillo de Buda en 1686

❼ El aprendiz bostezando

⑩ Mujer bañándose

Los desnudos eran una especialidad de Károly Lotz, que pintó esta sensual imagen en 1901. Es un buen ejemplo de la pintura académica y evoca el estilo del artista francés Ingres. Lotz es también famoso por sus murales del Parlamento húngaro *(ver pp. 12-14)*.

INFORMACIÓN ÚTIL

PLANO H4 ▪ Palacio Real, edificios A, B, C y D ▪ 06 20 439 73 31 ▪ www.mng.hu

Horario 10.00-18.00 ma-do Entrada: 3.200 Ft; audioguías disponibles en inglés para determinadas colecciones, por 900 Ft

▪ La galería puede visitarse gratuitamente los días 15 de marzo, 20 de agosto y 23 de octubre (fiestas nacionales).

▪ Se recomienda dedicar al menos tres horas para ver toda la colección.

▪ En la planta baja hay obras góticas y anteriores. En la primera planta hay obras del gótico tardío, el renacimiento, el barroco y el siglo XIX. La segunda planta muestra piezas del siglo XX. La última tiene obras húngaras posteriores a 1945.

Obras secesionistas de la galería

1 La mujer de los lunares

József Rippl-Rónai (1861-1927) fue uno de los tres artistas más importantes del movimiento Secesión. Estudió varios años en París, en la época en que empezaba a florecer el movimiento *art nouveau*. Su obra maestra *La mujer de los lunares* (1896) muestra la postura algo afectada de una modelo aparentemente cogida por sorpresa. Se dice que fue el primer cuadro húngaro de estilo Secesión.

La mujer de los lunares

2 Mujer con pajarera

Mujer con pajarera (1892), una obra temprana de Rippl-Rónai, es famosa por la maravillosa utilización de los contrastes, por ejemplo, el blanco de las manos de la chica con el entorno borroso y oscuro. La postura ligeramente afectada de la modelo sujetando la pajarera es característica del artista.

3 La mansión de Körtvélyes

Rippl-Rónai visitó Italia en 1904 y quedó fascinado por los mosaicos decorativos que vio en muchas casas. Este lienzo de 1907 anticipa su evolución de pinceladas suaves a toques más bruscos, que se hará patente en los cuadros de sus últimos años.

4 Niñas vistiéndose

Esta obra de Rippl-Rónai de 1912 muestra la evolución de su estilo característico, cuando sus pinceladas se volvieron más audaces y los colores más brillantes. La postura de la niña de la izquierda delata la afición del artista a jugar con la percepción del espectador.

5 La edad dorada

János Vaszary (1867-1939), segundo nombre del gran trío secesionista, se movió entre el *art nouveau* y el posimpresionismo. Su mejor cuadro probablemente sea esta representación de 1898 del nostálgico anhelo de una pareja por un paraíso perdido.

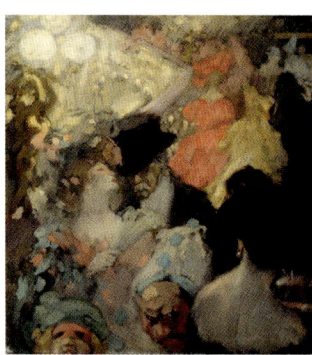

Baile de disfraces

6 Baile de disfraces

Este retrato de brillantes colores de la sociedad de Budapest que Vaszary realizó en 1907 tiene un toque decadente.

7 Desayuno al aire libre

Este cuadro de 1907 de Vaszary usa la luz y el color a la perfección, y muestra la audaz pincelada del artista. Se trata de un retrato amable de una

La mansión de Körtvélyes

familia de la alta sociedad de Budapest durante el desayuno. La mirada turbada de la hija menor sugiere la existencia de problemas escondidos y añade profundidad a la obra.

8 Jinetes en el parque

Esta obra de 1919 con pinceladas marcadas y fuertes contrastes de color es otro magnífico ejemplo de las obras secesionistas tardías de Vaszary. Se refleja claramente la influencia de Matisse a quien conoció en París.

9 El jardín del mago

Lajos Gulácsy (1882-1932) fue el más joven del trío secesionista. Su estilo y enfoque se vieron influenciados por los 13 años que pasó en Italia, donde pintó *El jardín del mago*. Sus obras también se hacen eco de los prerrafaelistas ingleses, en particular de Dante Grabriel Rossetti.

El jardín del mago

10 Autorretrato con sombrero

El *Autorretrato con sombrero* (1912) de Lajos Gulácsy refuerza su posición distante respecto al mundo y tal vez la falta de confianza en sus propias habilidades. En el cuadro, su rostro muestra una expresión ansiosa y vulnerable.

LA SECESIÓN

Desde su aparición entre los artistas de vanguardia vieneses a finales de la década de 1880, hasta su evolución hacia el *art déco* en la década de 1920, el movimiento Secesión representó un intento de romper con el historicismo romántico del arte del siglo XIX. Buscó nuevas formas de inspiración en un pasado lejano. Esta corriente, caracterizada por diseños fantásticos, colores brillantes y formas estilizadas, arrebató la exclusividad del arte a los nacionalistas. El movimiento englobó todas las formas de artes plásticas y decorativas, desde la pintura y escultura hasta el diseño de interiores. Muestra de ello son los cuadros de la Galería Nacional, las cerámicas de Zsolnay repartidas por toda la ciudad y, sobre todo, la arquitectura de la época.

TOP 10 EDIFICIOS SECESIONISTAS

1 Hotel Four Seasons Gresham Palace *(Plano K3)*

2 Hotel y balneario Gellért *(Plano L6)*

3 Museo de Artes Aplicadas *(Plano D5)*

4 Instituto de Geología *(Plano F3)*

5 Banco Nacional de Hungría *(Plano K2)*

6 Caja de Ahorros de Correos *(Plano L2)*

7 Iglesia calvinista de Városliget *(Plano E3)*

8 Academia de Música Franz Liszt *(Plano D3)*

9 Palacio New York *(Plano D4)*

10 Teatro Nuevo *(Plano M2)*

El **palacio Gresham** es en la actualidad un hotel, famoso por sus vidrieras y mosaicos secesionistas (ver p. 83 y p. 116).

TOP 10 ★ Iglesia de Mátyás

La profusión de estilos arquitectónicos de la iglesia de Mátyás revela la turbulenta historia tanto del edificio como de la ciudad. La iglesia original fue destruida en 1241, y entre 1255 y 1269 se construyó un nuevo templo integrado en la ciudad fortificada de Béla IV. Buena parte de este edificio gótico se conserva, pero fue Mátyás Corvinus quien la amplió en el siglo XV. La última fase de restauración se realizó entre 1873 y 1896, cuando Frigyes Schulek la rediseñó en estilo neobarroco.

2 Rosetón
El rosetón neogótico (*izquierda*) situado sobre el pórtico principal fue recreado por Schulek tras descubrir fragmentos de otro anterior durante la restauración de la iglesia en el siglo XIX. El rosetón primitivo se tapió durante el periodo barroco.

1 Torre de Béla
La torre de Béla, que tomó su nombre de Béla IV, conserva algunos elementos góticos originales, aunque el chapitel y las torrecillas están reconstruidos en su totalidad. La torre es la parte menos decorada de la iglesia.

3 Altar
Este altar de estilo gótico temprano (*derecha*) con forma de catedral presenta una réplica de la corona santa húngara sobre una imagen de la Virgen María. Este santuario a la Virgen fue concebido por Schulek y finalizado en 1893.

Capilla de Loreto y virgen barroca 4
Según la leyenda en 1686 la Virgen (*derecha*) se apareció a los turcos que defendían el castillo de Buda, quienes lo consideraron una señal de derrota. Las tropas de los Habsburgo tomaron el castillo esa noche.

INFORMACIÓN ÚTIL

PLANO H2 ■ I, Szentháromság tér 2
■ 06 1 488 77 16
■ www.matyas-templom.hu

Horario 9.00-17.00 lu-vi (hasta 12.00 sá), 13.00-17.00 do; Cerrado para misas y actos

Entrada: 2.200 Ft

Hay visitas guiadas

■ En la entrada principal se exhibe la programación de los próximos conciertos de música clásica, que se celebran en verano.

■ Cruzando la plaza y a un corto paseo por Szentháromság utca, se encuentra Ruszwurm, uno de los cafés con más historia de Budapest (*ver p. 72*).

5 Pórtico de María
Este pórtico, reconstruido por Schulek en el siglo XIX utilizando fragmentos recuperados del edificio original, es el mejor ejemplo de talla gótica en piedra de Hungría.

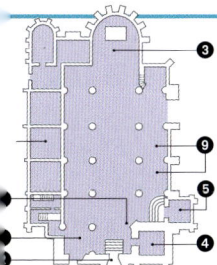

Iglesia de Mátyás

8 Misa dominical
Los dos órganos Rieger de la iglesia, construidos en 1909, son los mejores de Hungría. Durante la misa, a las 10.00, se pueden escuchar los órganos y el coro de la iglesia. Este templo es un famoso centro de música sacra.

REY MÁTYÁS

El rey Mátyás, una de las grandes figuras de la historia húngara, es reclamado tanto por los rumanos como por los serbios como uno de los suyos. Lo que sí es seguro es que Matei Corvin, como se le conoce en Rumanía, nació en Cluj-Napoca, en la actual Rumanía. Era hijo de János Hunyadi, que a su vez era nieto de serbios. Su origen sigue siendo una de las principales causas de polémica entre historiadores húngaros y rumanos *(ver p. 14)*.

9 Vidrieras
Diseñadas por Frigyes Schulek y pintadas por Károly Lotz, las tres vidrieras del extremo sur de la iglesia representan la vida de la Virgen María, la familia de Béla IV y la vida de santa Isabel de Árpádház, que se casó a los 13 años, enviudó a los 19 y murió a los 24.

6 Estatua del rey Luis
Si se entra a la iglesia por el pórtico principal y se mira hacia atrás, se pueden contemplar las estatuas del rey Luis el Grande y su esposa en el pilar más alto, junto al pórtico. Datan del siglo XIV.

7 Tumba del rey Béla III y Anne de Châtillon
Schulek diseñó este elaborado sepulcro después de que se hallaran los restos de Béla III y su primera esposa durante las excavaciones de la catedral de Székesfehérvár en 1862.

10 Tejado
El tejado de azulejos *(abajo)* se añadió entre 1950 y 1970. El sencillo tejado original se quemó tras el bombardeo soviético durante el sitio de Buda en 1944-1945.

Ópera Nacional de Hungría

En ningún lugar de Budapest permanece tan vivo el antiguo régimen como en la Ópera Nacional de Hungría, la obra maestra del arquitecto Miklós Ybl. El interior de esta construcción neorrenacentista levantada en 1884, época en la que el dinero no representaba ningún obstáculo, constituye un magnífico exponente de grandiosidad. La nómina de directores que han pasado por aquí constituye un completo repaso por la música centroeuropea.

4 Murales del vestíbulo

Los murales del vestíbulo, pintados por Bertalan Székely y Mór Than, cubren todo el techo y representan a las nueve musas y otras escenas alegóricas.

1 Fachada

El paso del tiempo ha sido benévolo con la avenida Andrássy (ver p. 95), y la Ópera Nacional de Hungría ha conservado un amplio espacio a su alrededor. La fachada con columnas, balcones y logias (arriba) resulta impresionante.

5 Escenario principal

Durante la construcción de la Ópera Nacional, el teatro Anillo de Viena quedó destruido por las llamas. Como medida de seguridad, se instalaron una cortina de hierro, un sistema hidráulico de metal para el escenario y un sistema de aspersores.

2 Entrada principal

Al traspasar la sublime entrada de la Ópera Nacional de Hungría con su techo cubierto de murales, resulta fácil imaginarse la vida de la alta sociedad de Budapest en el siglo XIX, bajando de un coche de caballos para asistir a un estreno.

6 Estatuas de Liszt y Erkel

La entrada está flanqueada por las esculturas de los dos mejores compositores húngaros: Franz Liszt y Ferenc Erkel. Ambas son obra de Alajos Stróbl, autor también de gran parte del diseño interior del edificio.

3 Vestíbulo

El vestíbulo (derecha) conforma un maravilloso conjunto de murales, columnas, arañas de luces y techos abovedados y dorados. El objetivo era superar a Viena en ostentación, e Ybl no defraudó a sus clientes.

8 Escalera principal

Una alfombra roja cubre los escalones de mármol *(izquierda)* situados bajo una araña de luces, en una de las zonas emblemáticas. Los paneles del techo dorado lucen nueve pinturas de Than del despertar y el triunfo de la música.

BÁNK BÁN

Bánk Bán, la ópera más famosa de Hungría, fue escrita por Ferenc Erkel y estrenada en 1861. Otto, hermano de la reina Gertrud, planea seducir a la esposa de Bánk, un fiel virrey húngaro. El caballero Biberach revela a Bánk la ruin trama de Otto y Bánk se rebela contra la corte. Hoy se representa muy poco. En 2001 Csaba Kael la llevó al cine.

10 Araña

Sobre el auditorio, una araña de Mainz *(izquierda)* con 2.722 kg de peso ilumina el magnífico fresco de Károly Lotz que representa a los dioses griegos del Olimpo. La chimenea que tiene arriba facilita la ventilación.

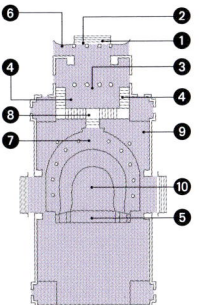

Ópera Nacional de Hungría

7 Palco real

Ybl siempre consideró el palco real como su mayor logro. Con esculturas que simbolizan las cuatro voces operísticas –soprano, alto, tenor y bajo– ocupa el centro de un círculo con tres hileras de palcos.

9 Museo

El museo expone recuerdos de artistas famosos que han pasado por este escenario. Sándor Svéd, un famoso barítono húngaro que actuó en el Metropolitan de Nueva York durante años, ocupa un lugar destacado.

INFORMACIÓN ÚTIL

PLANO M2 ■ VI, Andrássy út 22 ■ 06 1 814 71 00; Taquilla: 06 1 332 79 14 ■ www.opera.hu

Horarios Los horarios varían, consultar página web para más información

Visitas guiadas disponibles

■ La fachada, la entrada principal y el vestíbulo se pueden admirar durante el día, la taquilla está abierta todos los días de 11.00 a 17.00. Para ver el resto del edificio, es aconsejable unirse a una visita guiada.

■ La mejor forma de ver la Ópera Nacional es asistir a una representación. El teatro Erkel, otra sede de la Ópera Nacional en II. Lános Pál pápa tér 30 *(06 1 332 61 50)*, ofrece precios más bajos.

■ Merece la pena probar los dulces del café Muvész, en Andrássy út 29.

Museo Nacional de Hungría

Desde su fundación, en 1802, este museo ha servido de sede a la mejor colección de Hungría de arte, objetos y documentos relacionados con la historia del país. El edificio, diseñado por Mihály Pollack, es un magnífico ejemplo de la arquitectura neoclásica, cuyo impresionante interior está decorado con frescos de Károly Lotz y Mór Than.

6 Crucifijo procesional

Este crucifijo (arriba) es de Szerecseny. En el Museo de San Esteban de Székes-fehérvár se exhibe una pieza similar; ambos parecen proceder del mismo taller. En Hungría, se encontraron muchos crucifijos de este tipo en iglesias destruidas durante la invasión tártara de 1241.

1 Corona de Monómaco

Esta corona bizantina (arriba) de exquisita factura está realizada con placas de oro y data de entre 1042 y 1050. El pan de oro está decorado con alegorías de las virtudes, un tema frecuente en el arte bizantino.

4 Campaña frente al Museo Nacional

Como su título sugiere, este lienzo presecesionista de Franz Weiss representa la campaña política de los reformistas y conservadores entre 1847 y 1848, cuando, a diferencia de la mayoría de naciones occidentales, Hungría todavía se caracterizaba por el feudalismo.

7 Placas magiares, Galgóc

Uno de los mejores ejemplos del estilo decorativo del periodo de conquista. Según las creencias chamánicas de la época, las hojas de palma simbolizaban el Árbol de la Vida.

2 Manto de coronación

En 1031, san Esteban regaló esta pieza de seda con las imágenes de Cristo y los apóstoles a una iglesia de Székesfehérvár. Más tarde, fue un manto de coronación para los reyes.

3 Corona funeraria

Esta corona dorada, hallada en 1838 en la iglesia de Isla Margarita, data del siglo XIII y la llevó una mujer de la dinastía Árpád en su lecho de muerte.

5 Clavicordio de Mozart

Leopold Mozart compró este clavicordio de viaje a su hijo (arriba), el joven Wolfgang Amadeus Mozart. El niño prodigio practicaba en él durante sus conciertos por diversas ciudades.

8 Diadema

Esta impresionante diadema de oro *(arriba)* data del periodo huno, en el siglo V, y es la más antigua de su clase. Fue encontrada en Csorna y lleva incrustadas 158 piedras preciosas.

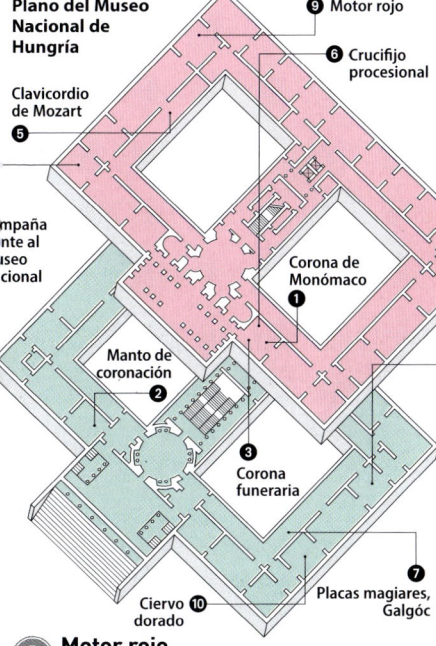

Plano del Museo Nacional de Hungría

9 Motor rojo

6 Crucifijo procesional

Clavicordio de Mozart
5

...mpaña ...nte al ...useo ...cional

Corona de Monómaco
1

Manto de coronación
2

Corona funeraria
3

Ciervo 10 dorado

Placas magiares, Galgóc
7

8 Diadema

Plano
- Primera planta
- Segunda planta

FERENC E ISTVÁN SZÉCHENYI

El Museo Nacional quizá no hubiera existido sin la vasta colección de arte y objetos donada en 1802 por el conde Ferenc Széchenyi, que también creó la biblioteca Nacional. Su hijo, el ilustre conde István Széchenyi, es considerado uno de los grandes personajes húngaros. István, un erudito aristócrata, escribió varios tratados exaltando a los campesinos, defendió la reforma de la tierra, tuvo escarceos con la política revolucionaria e incluso financió el primer ferrocarril del país.

10 Ciervo dorado

Este ciervo dorado en casi perfecto estado *(abajo)*, forjado a mano en el siglo V a. C., formaba parte del escudo de un príncipe escita.

9 Motor rojo

Este cuadro cubista de Sándor Bortnyik es un excelente ejemplo de arte político del primer cuarto del siglo XX. Los colores vistosos como el rojo y el azul contrastan con el blanco para subrayar la sensación de movimiento.

INFORMACIÓN ÚTIL

PLANO M5 ▪ VIII, Múzeum körút 14-16 ▪ 06 1 338 21 22 ▪ www.mnm.hu

Horario 10.00-18.00 ma-do

Entrada: 2.600 Ft; 800 Ft para residentes en la UE menores de 26 años y mayores de 62; gratis para mayores de 70

▪ El Museo Nacional de Hungría ocupa tres plantas. El sótano está dedicado a los mosaicos romanos, la primera planta alberga obras que datan del siglo V a. C. hasta la Edad Media y la segunda planta exhibe piezas desde el siglo XI hasta la actualidad.

▪ Hay un buen café en el Múzeum Kávéház és Étterem *(ver p. 93)*, situado junto al Museo Nacional.

TOP 10 ⭐ Gran Sinagoga

La mayor sinagoga de Europa se construyó con estilo morisco-bizantino según los planos del arquitecto vienés Ludwig Förster entre 1854 y 1859. Con capacidad para 3.000 feligreses, también alberga un museo repleto de reliquias históricas y objetos devocionales judaicos, así como un conmovedor Memorial del Holocausto.

Candelabros **3**
Los dos candelabros de estilo español *(derecha)* que penden sobre la nave principal son similares a los de la Ópera Nacional de Hungría: este diseño era común en las salas de conciertos de toda Europa.

4 Conciertos de órgano
El órgano original de 5.000 tubos, instalado en 1859 y tocado por Franz Liszt durante la ceremonia de consagración de la sinagoga, fue sustituido por otro mecánico en 1996. Durante el verano se organizan conciertos.

1 Torres gemelas, cúpulas de cebolla
Fue la primera de Europa en exhibir torres moriscas de 43 m de altura *(arriba)*, rematadas con cúpulas bizantinas adornadas con oro.

2 Galerías superiores
Cuando se construyeron, las ornamentadas galerías superiores *(arriba)* fueron diseñadas para mujeres, que según la tradición debían rezar por separado. Hoy todos los fieles se sientan abajo.

5 Rosetones
Los rosetones de la fachada, sobre la entrada principal, son una referencia de la arquitectura de las iglesias medievales de Hungría.

6 Menorá
En el suelo, delante de la sinagoga, se puede ver una menorá. Los visitantes suelen fijarse en el edificio, de modo que a veces pasa inadvertida.

8 Museo Judío Húngaro

Este museo *(arriba)* alberga una colección de objetos judaicos desde la antigua Roma hasta el siglo XX. También hay un monumento conmemorativo a los 600.000 judíos húngaros muertos en el Holocausto.

9 El Arca

El Arca *(arriba)* contiene una serie de manuscritos procedentes de otras sinagogas que ocultaron sacerdotes católicos a los nazis durante la Segunda Guerra Mundial.

7 Inscripción sobre la entrada principal

Sobre la entrada, grabada en oro, hay inscrito un versículo del *Éxodo* en hebreo: "Me harás un santuario para que yo viva en medio de ellos".

Los Diez Mandamientos 10

Dos tablillas de piedra *(arriba)* que hay en lo alto de la sinagoga recuerdan la forma del edificio y tienen grabados en hebreo los Diez Mandamientos.

RAOUL WALLENBERG

Se reconoce al diplomático sueco Raoul Wallenberg por haber salvado nada menos que a 100.000 húngaros en los años 1944 y 1945, sobre todo expidiéndoles salvoconductos suecos. Wallenberg también negoció directamente con el comandante en jefe Gerhard Schmidthuber, jefe de las tropas alemanas en Hungría, para impedir la eliminación del gueto de Budapest, prevista para principios de enero de 1945. Sin embargo, a los pocos días, cuando el Ejército Rojo ocupó Budapest, Wallenberg fue detenido y acusado de espionaje por la Unión Soviética y llevado a la prisión de Lubianka en Moscú. Se cree que murió allí en 1947 por un ataque al corazón. En 1966 el gobierno israelí lo nombró Justo entre las Naciones. En la esquina de Szilágyi Erzsébet fasor y Nagyatai utca (Plano N1) hay un monumento en su memoria.

INFORMACIÓN ÚTIL

PLANO D4 ◾ VII, Dohány utca 2 ◾ 06 1 462 04 77 ◾ www.jewishtour hungary.com

Horario Los horarios varían, consultar detalles en página web

Entrada: 5.500 Ft

Visitas en varios idiomas desde las 10.00 do-vi, cada hora

◾ Hay visitas guiadas al barrio judío seis veces al día (do-vi).

◾ Kosher Deli, detrás de la sinagoga en Síp utca 12, sirve deliciosos platos *kosher*.

Lo mejor
de Budapest

Piscina termal y edificios neobarrocos
del balneario de Széchenyi

TOP 10 Hitos históricos

1 409: Los hunos conquistan Aquincum

Aquincum *(ver p. 101)*, fundada en la zona hoy ocupada por la periferia norte de Budapest, fue una importante ciudad y guarnición militar en la provincia romana de Panonia. Los hunos la conquistaron en el año 409; posteriormente estuvo gobernada por godos, longobardos y ávaros.

2 896: Árpád conduce a los magiares hasta Panonia

El príncipe Árpád condujo a los magiares –tribus nómadas originarias de los Urales que habitaron la zona al este del río Tisza– hacia Panonia en el año 896. Primero se asentó en la isla de Csepel, en el medio del Danubio, al sur de Budapest, y luego en Óbuda (que en húngaro significa antigua Buda).

El príncipe Árpád, líder de los magiares

3 1000: Esteban I es coronado rey

Esteban (István) fue el primer magiar que abrazó el cristianismo y, por ello, el Papa le coronó rey. Él consolidó la dinastía Árpád, que se mantuvo 300 años más.

4 1687: Comienza el periodo Habsburgo

Los Habsburgo tomaron el control de Hungría sigilosamente, sin usar la fuerza. Finalizaron su toma de poder en 1687, cuando los húngaros renunciaron a su derecho a elegir rey y cedieron la Corona al imperio Habsburgo. De una forma u otra, controlaron Hungría hasta 1918.

5 1849: El puente de las Cadenas une Buda y Pest

El primer paso húngaro permanente de la capital sobre el Danubio fue diseñado por el inglés William Tierney Clark y construido por el escocés Adam Clark. Su finalización, en 1849, permitió la unificación de Buda, Óbuda y Pest unos 24 años después.

6 1916: Carlos IV, último rey de Hungría, es coronado

Tras la muerte del emperador Franz József en 1916, Carlos IV fue coronado rey de Hungría. Abdicó en noviembre de 1918 y, a pesar de su intento por recuperar la Corona en 1919 tras la derrota de los comunistas de Béla Kun, fue exiliado a Madeira, Portugal, donde murió en 1922.

7 1944: Creación del gueto de Budapest

En 1944, el régimen nazi y sus aliados húngaros, los Cruz Flechada, forzaron a más de 70.000 judíos a mudarse a la zona situada alrededor de la Gran Sinagoga *(ver pp. 36-37)*. Murieron más de 20.000 judíos; 50.000 sobrevivieron y fueron liberados por el ejército soviético en febrero de 1945.

Coronación del rey Esteban I

8 1956: El levantamiento húngaro

Tras las masivas manifestaciones antisoviéticas de octubre de 1956, el comité central del Partido Comunista húngaro eligió al popular Imre Nagy como primer ministro. Pero el 4 de noviembre, solo 18 días después de tomar posesión de su cargo, el ejército soviético invadió Hungría y aplastó al nuevo régimen. Nagy fue arrestado y ejecutado en 1958.

La multitud celebra la proclamación de la República de Hungría

9 1989: La República Popular se disuelve pacíficamente

Anticipándose a los cambios que recorrerían toda Europa oriental, las autoridades comunistas de Hungría sancionaron la creación de partidos políticos de oposición en febrero de 1989. La República Popular de Hungría se transformó en octubre en República de Hungría y en marzo de 1990 se celebraron las primeras elecciones libres desde 1947.

10 2004: Hungría se incorpora a la Unión Europea

Tras 10 años de negociaciones, Hungría se convirtió en miembro de pleno derecho de la Unión Europea el 1 de mayo de 2004. El acontecimiento se celebró en todo el país y fue recibido positivamente por la mayor parte de la población. Previamente, Hungría se había adherido a la OTAN en 1999.

TOP 10: HÚNGAROS MÁS IMPORTANTES

1 István Széchenyi (1790-1860)
Líder de la modernización y las reformas económicas del siglo XIX, apodado "El Mejor Húngaro".

2 Mihály Vörösmarty (1800-1855)
Poeta del siglo XIX y autor de la epopeya *El vuelo de Zalán*.

3 Ferenc (Franz) Liszt (1811-1886)
Compositor húngaro, considerado por muchos como el mejor pianista de todos los tiempos.

4 Miklós Ybl (1814-1891)
Arquitecto autor de la magnífica Ópera Nacional de Hungría (*ver pp. 32-33*).

5 Sándor Petőfi (1823-1849)
La lectura del poema *Nemzeti Dal* (Canción nacional) de este poeta y los 12 pont (puntos) en las escaleras del Museo Nacional.

6 Béla Bartók (1881-1945)
Uno de los compositores más importantes del siglo XX.

7 László Bíró (1899-1985)
Este periodista inventó el primer bolígrafo en 1939.

8 Mária Telkes (1900-1995)
Pionera en energía solar e inventora de una unidad de desalinización portátil.

9 Ferenc Puskás (1927-2006)
Futbolista que lideró el equipo húngaro de la década de 1950 (*ver p. 102*).

10 Katalin Karikó (nacida en 1955)
Bioquímica cuyas investigaciones condujeron al desarrollo del primer conjunto de vacunas contra la COVID-19.

Katalin Karikó

TOP 10 Lugares de culto

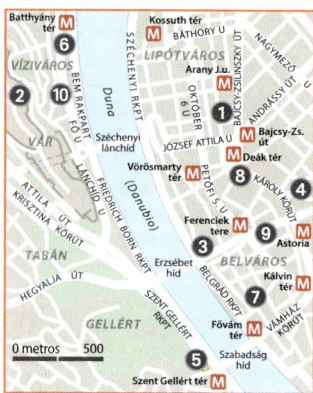

para diversos acontecimientos importantes, como la boda del rey Mátyás y las coronaciones de Franz József I en 1867 y Carlos IV en 1916 *(ver pp. 30-31).*

3 Iglesia parroquial del centro

Estuvo a punto de ser demolida para dejar sitio al puente de Isabel *(ver p. 46)*, reconstruido tras la Segunda Guerra Mundial. Sin embargo, se salvó en el último momento gracias a que los constructores cambiaron de planes. Este edificio, el más antiguo de Pest, data del siglo XIV, quedó destruido por las llamas en 1723 y fue reconstruido por György Pauer en 1725-1739. No hay que perderse su elegante capilla gótica abovedada *(ver p. 89).*

1 Basílica de San Esteban

De las muchas y maravillosas iglesias de Budapest, la más grandiosa recibió un nombre muy adecuado, el del primer rey del país, san Esteban. Construida a finales del siglo XIX, domina el horizonte de la ciudad y se divisa desde casi toda Budapest *(ver pp. 16-17).*

2 Iglesia de Mátyás

La iglesia de Mátyás está ligada a la historia de Budapest desde el siglo XIII. Ha servido de escenario

4 Gran Sinagoga

La mayor sinagoga de Europa *(ver pp. 36-37)*, es una mezcla ecléctica de estilos, que incluye torres gemelas bizantinas, con cúpulas de cebolla, y rosetones típicos de las iglesias católicas. En su interior hay un magnífico órgano, que se instaló en 1859. Durante la Segunda Guerra Mundial, la sinagoga se usó como centro de detención y también funcionó como centro del gueto de Budapest.

La impresionante nave de la Gran Sinagoga

Interior de la iglesia rupestre

5 Iglesia rupestre

Los monjes paulinos construyeron esta sorprendente iglesia en las entrañas de la colina Gellért tras una peregrinación a Lourdes. Fue consagrada el Domingo de Pentecostés de 1926. Permaneció tapiada durante el periodo comunista, pero se reabrió en agosto de 1989 *(ver p. 75)*.

6 Iglesia de Santa Ana

PLANO H1 ▪ I, Batthyány tér 7 ▪ 06 1 201 63 64 ▪ Abierta solo para el servicio religioso

La iglesia parroquial de Víziváros, con dos torres gemelas, es uno de los templos barrocos más hermosos de Hungría. Lo más destacado de este edificio construido entre 1740 y 1805 es su techo pintado por Gergely Vogl, el altar mayor y su magnífico púlpito barroco.

7 Iglesia serbia

PLANO L5 ▪ V, Szerb utca 2-4 ▪ Horario: 10.00-18.00 ma-do

Esta iglesia barroca, erigida por refugiados serbios en 1698, sustituyó a un templo anterior. El interior está distribuido según la tradición ortodoxa griega, práctica que siguen los serbios. El iconostasio que rodea la galería del coro y la separa del presbiterio data de 1850.

8 Iglesia luterana

PLANO L3 ▪ V, Deák tér 5 ▪ Horario: 10.00-18.00 ma-do ▪ eom.lutheran.hu/en

La principal característica de esta impresionante iglesia es su sencillez, de acuerdo con el diseño de la mayoría de los templos protestantes de Europa Central. Se construyó entre 1797 y 1808. Se celebran conciertos de música clásica y órgano.

9 Iglesia franciscana

PLANO L4 ▪ V, Ferenciek tere 9 ▪ 06 1 317 33 22 ▪ Horario: 5.30-12.00, 16.00-19.45 todos los días

Fundada en el siglo XIII, pero durante la ocupación turca de los siglos XVI y XVII se convirtió en mezquita. Fue reconstruida por la orden franciscana entre 1727 y 1743, y aún puede verse su emblema en el pórtico principal. La fachada de la iglesia está decorada con esculturas de santos franciscanos.

Exterior de la iglesia capuchina

10 Iglesia capuchina

PLANO H2 ▪ I, Fő utca 32 ▪ 06 1 201 47 25 ▪ Horario: 10.15-11.45 ma-vi (también se abre por acuerdo con el prior)

Tras un paseo por Fő utca desde la iglesia de Santa Ana, se llega a la iglesia capuchina, réplica del siglo XIX de una construcción anterior. El primer templo que ocupó este lugar se fundó en el siglo XIV, fue convertido en mezquita durante la ocupación turca y prácticamente se destruyó en 1686. La puerta de la fachada sur es uno de los pocos elementos originales.

ᴛᴼᴾ10 Museos y galerías

El Museo Judío Húngaro

① Museo Judío Húngaro

PLANO M4 ■ VII, Dohány utca 2
■ 06 1 342 89 49 ■ Los horarios
varían, consultar página web
■ Cerrado festividades judías ■ Se
cobra entrada ■ www.milev.hu

La comunidad judía de Budapest
ocupa la zona situada en torno a la
Gran Sinagoga *(pp. 36-37)* y en el ala
izquierda desde la entrada principal
se encuentra el Museo Judío
Húngaro. Fundado en 1931, tiene
miles de piezas históricas y objetos
religiosos. Alberga también una sala
dedicada al Holocausto. En el patio
se alza un monumento en recuerdo
de los 600.000 judíos húngaros asesinados por los nazis.

② Museo de Bellas Artes

Se recomienda entrar en el
edificio neoclásico que alberga el
Museo de Bellas Artes *(ver p. 95)* y
disfrutar de su hermosa colección
con piezas de todos los periodos y
estilos artísticos. Se pueden ver
obras de Rafael, Toulouse-Lautrec,
Goya o Picasso, así como colecciones
del antiguo Egipto y de arte griego.

③ Museo de Historia Militar

PLANO A3 ■ Tóth Árpád sétány 40
■ 06 1 325 16 00 ■ Horario: 9.00-17.00
ma-do ■ Se cobra entrada

Está en un ala de los antiguos barracones palatinos y exhibe uniformes,
banderas, mapas, armas y fotografías que documentan las numerosas
batallas libradas en Budapest.
Resulta especialmente interesante
la sección dedicada al levantamiento
nacional de 1956 y a los numerosos
húngaros que perdieron su vida
durante la represión posterior.

④ Museo Ludwig de Budapest - Museo de Arte Contemporáneo

PLANO P2 ■ IX, Palacio de las Artes,
Komor Marcell utca 1 ■ 06 1 555 34 44
■ Horario: 10.00-18.00 ma-do ■ Se
cobra entrada ■ www.
ludwigmuseum.hu

Si el esplendor del impe-
rio de los Habsburgo y la
Secesión le resultan exce-
sivos, se recomienda acu-
dir a este museo para
contemplar una animada
y tonificante muestra de
arte moderno húngaro.
Más de 150 obras desde
1960 en adelante docu-
mentan la evolución de
los artistas húngaros en
su intento por escapar
del realismo socialista.
También hay trabajos de
artistas contemporáneos
internacionales y exposi-
ciones temporales.

Interior del Museo Nacional de Hungría

⑤ Museo Nacional de Hungría

Fundado a partir de la colección personal del conde Ferenc Széchenyi, el Museo Nacional ha exhibido una impresionante diversidad de piezas húngaras desde 1802. El propio edificio constituye una obra maestra *(ver pp. 34-35)*.

⑥ Hospital de la Roca

Entre 1944 y 1945, la red de cuevas y bodegas naturales que había bajo el castillo de Buda se usó como hospital militar de emergencia y refugio antiaéreo y ofreció tratamiento y refugio a miles de personas durante el sitio de Budapest. Durante la revolución de 1956 se volvió a usar como hospital. Esta exposición *(ver p. 104)*, sin igual, permite hacerse una idea de la historia de Budapest. Se pueden visitar sus salas y pabellones, habitados por muñecos de cera.

⑦ Museo Vasarely

PLANO P1 ▪ III, Szentlélek tér 6 ▪ 06 1 388 75 51 ▪ Horario: 10.00-18.00 vi-do ▪ www.vasarely.hu

Victor Vasarely, cuyo verdadero nombre era Győző Vásárhelyi, fundó el Op Art en el París de la década de 1930. Este museo, situado en el palacio Zichy *(ver p. 51)*, está dedicado a su vida y obra y acoge exposiciones temporales de arte del siglo XX.

⑧ Museo Casa del Terror

Este museo que invita a la reflexión *(ver p. 97)* cuenta la desgarradora historia del terror de estado llevado a cabo por dictaduras fascistas y comunistas de Hungría. Entre los objetos expuestos hay sombrías reconstrucciones de celdas de cárceles y cámaras de tortura. También sirve de monumento a los miles de personas asesinadas por los regímenes totalitarios del país.

⑨ Museo del Castillo

Ubicado en las laberínticas salas del castillo, tiene una disposición que puede dificultar su recorrido. Persevere, pues ofrece una cautivadora perspectiva de la historia de la ciudad. Su punto fuerte es que abarca la historia del propio castillo, empezando por las ruinas del edificio medieval del sótano del palacio *(ver p. 69)*.

⑩ Galería Nacional de Hungría

Sus más de 10.000 piezas convierten a la Galería Nacional de Hungría en una de las mayores del mundo. Ocupa gran parte del Palacio Real e incluye las obras más importantes del arte húngaro desde el medioevo hasta la actualidad *(ver pp. 26-29)*.

Museo Nacional de Hungría

TOP 10 Vistas del Danubio

Fachada del Parlamento de Hungría, visto desde el Danubio

1 Parlamento húngaro

Para disfrutar al máximo del principal monumento de la ciudad, lo mejor es contemplarlo desde el agua o desde la orilla opuesta del Danubio. Con perspectiva suficiente se disfruta mejor del esplendor de su diseño, inspirado en el Parlamento de Gran Bretaña *(ver pp. 12-15)*.

2 Paseos por el río

PLANO K4 ▪ Mahart Passnave: V, Vigadó tér, muelles 5-6; 06 1 484 40 13; www.mahartpassnave.hu

En verano, varias compañías ofrecen paseos por el Danubio. La mayoría salen de la plaza de Vigadó. Mahart Passnave organiza cruceros nocturnos –con cena y bebidas– a Viena. Hay también un servicio de aerodeslizador a Viena, dos veces a la semana, desde finales de abril hasta finales de septiembre.

3 Puente de Isabel

PLANO K5

El puente de Isabel (Erzsébet híd), el mayor puente colgante del mundo cuando se terminó en 1903, tuvo que ser completamente reconstruido tras la Segunda Guerra Mundial y no se abrió de nuevo hasta 1963. En la orilla de Pest fue necesario tener mucho cuidado para que la iglesia parroquial del centro *(ver p. 89)* no resultara dañada durante las obras. La supervivencia del templo estuvo amenazada, ya que los constructores y las autoridades comunistas querían demolerla. Se alcanzó un acuerdo y hoy la calzada pasa a solo unos centímetros de los muros de la iglesia.

Los zapatos del Danubio

4 Los zapatos del Danubio

PLANO J2

Este conmovedor monumento conmemorativo es obra de los escultores Gyula Pauer y Can Togay en 2005 y se compone de 60 pares de zapatos de hierro alineados en la orilla del dique de Pest, al sur del edificio del Parlamento de Hungría. En este lugar los militantes del fascista Partido de la Cruz Flechada ejecutaron a centenares de judíos en 1944 y 1945.

5 Isla Margarita

Isla Margarita conforma un oasis en Budapest. Se trata de un agradable lugar donde pasar un rato. En un principio, eran tres islas hasta que a finales del siglo XIX se unieron mediante innovadores muros de contención *(ver pp. 22-23)*.

6 Puente de Margarita
PLANO B2

Margit híd, la entrada a Isla Margarita, fue construido por el francés Ernest Gouin, entre 1872 y 1876. La carretera de acceso a la isla, sin embargo, no se añadió hasta la década de 1890.

7 Puente de la Libertad

Sobre el puente de la Libertad (Szabadság híd) descansan los turul, unos legendarios pájaros húngaros. El puente se construyó en 1894-1899, pero fue destruido por los nazis durante la Segunda Guerra Mundial. El que se contempla hoy es una copia exacta del original. Anteriormente se llamaba puente del Emperador Franz József, pero los comunistas lo rebautizaron.

8 Funicular del castillo
Plano H3 ▪ I, castillo de Buda, Clark Ádám tér ▪ Horario: 7.30-22.00 ▪ Cerrado primer y tercer lu de mes ▪ Se cobra entrada ▪ www.bkv.hu

Los niños adoran este antiguo funicular. El trayecto es breve, pero las vistas del Danubio resultan espectaculares. En días fríos, es una buena opción para subir al castillo.

9 Paseo por el muro de contención
PLANO B3, B4, C5 ▪ Columbus: V, Vigadó tér, muelle 4; 06 1 266 90 13. Horario: 12.00-24.00 todos los días ▪ Spoon Café & Lounge: V, Vigadó tér, muelle 3; 06 1 411 09 33. Horario: 12.00-24.00 todos los días; spoonboat.hu

Recorre la mayor parte del muro de contención de Pest, desde el puente de la Libertad hasta más allá de Isla Margarita. Varios de los barcos atracados en los muelles tienen cafés a bordo, como el Columbus y el Spoon.

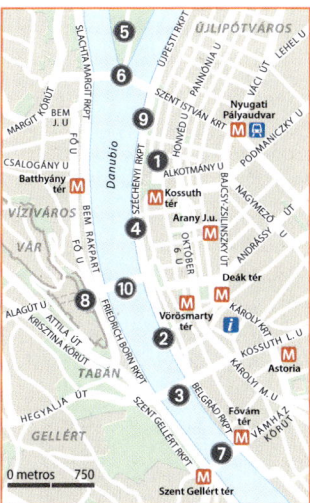

10 Puente de las Cadenas
PLANO J3

El puente de las Cadenas (Széchenyi Lánchíd) se terminó en 1849 y fue el primer paso permanente entre Buda y Pest. En ambos extremos del puente, dos enormes torres sujetan las colosales cadenas que le dan nombre. La maravillosa iluminación nocturna de las torres las convierte en una de las vistas más fotografiadas de la ciudad. En verano, el puente se cierra los fines de semana para acoger un festival cultural.

Puente de las Cadenas, que une Buda y Pest

Baños y piscinas

1 **Hotel y balneario Gellért**
De los numerosos balnearios de Budapest, este quizá sea el mejor, así que es una suerte que esté abierto a no residentes locales. Las piscinas al aire libre cuentan con uno de los primeros sistemas de olas artificiales del mundo *(ver pp. 20-21)*.

2 **Balneario Lukács**
PLANO B2 ▪ II, Frankel Leó út 25-9 ▪ 06 1 326 16 95 ▪ Horario: 6.00-22.00 todos los días ▪ Se cobra entrada ▪ www.budapestspas.hu
Inaugurado en 1894, el balneario neoclásico Lukács posee tres piscinas al aire libre y tres cubiertas, junto con baños Kneipp, gimnasio, sauna y tratamientos con barro.

3 **Baños medicinales y balneario Dagály**
PLANO P1 ▪ XIII, Népfürdő út 36 ▪ 0630 160 01 50 ▪ Horario: 6.00-19.00 todos los días ▪ Se cobra entrada
Algo alejado del centro, es el mayor complejo de piscinas de Budapest. Dispone de 10 piscinas (varias infantiles) y un centro de hidroterapia y ejercicio físico.

4 **Balneario Széchenyi**
Ubicado en un edificio diseñado por Győző Czigler del parque de la Ciudad, ofrece una gama de tratamientos con aguas termales. Dispone de varias piscinas cubiertas y al aire libre *(ver p. 95)*.

Interior del Magnolia Day Spa

5 **Magnolia Day Spa**
PLANO J2 ▪ V, Zoltán útca 3 ▪ 06 1 269 06 10 ▪ Horario: 12.00-20.00 mi-vi, 10.00-20.00 sá y do ▪ www.magnoliadayspa.hu
Este *spa* en el corazón de Budapest utiliza solo productos naturales y ofrece más de 100 masajes, tratamientos faciales y de cuerpo, y servicio de manicura y pedicura.

6 **Piscinas estatales Hajós Alfréd**
PLANO B1 ▪ XIII, Isla Margarita ▪ 06 1 450 42 00 ▪ Horario: 6.00-19.00 todos los días ▪ Se cobra entrada ▪ www.mnsk.hu
Estas tres piscinas deportivas (incluida una olímpica) fueron diseñadas por el arquitecto y deportista Hajós Alfréd, representante de Hungría en las Olimpiadas de 1896 en natación y fútbol. El equipo de natación húngaro sigue entrenando aquí.

Piscinas del balneario Széchenyi

7 Balneario Palatinus
PLANO P1 ▪ XIII, Isla Margarita
▪ 06 1 340 45 00 ▪ Horario: 9.00-19.00
todos los días; piscinas al aire libre
solo en verano; instalación de *spa*
abierta todo el año ▪ Se cobra entrada
▪ http://en.palatinusstrand.hu

El complejo de piscinas más popular
de Budapest tiene toboganes, piscinas y manantiales termales, rodeado
por la tranquilidad de Isla Margarita.

8 Balneario Veli Bej
PLANO B2 ▪ II, Árpád Fejedelem
útja 7 ▪ 06 1 438 88 87 ▪ Horario: 6.00-
12.00 y 15.00-21.00 todos los días ▪ Se
cobra entrada; edad mínima 14 años
▪ www.irgalmasrend.hu

Creado en 1574, tiene cinco piscinas de
diferentes temperaturas, *jacuzzi*, dos
baños de vapor, saunas, duchas de
masaje, baño Kneipp y piscina.

El histórico balneario Rudas

9 Balneario Rudas
PLANO K5 ▪ I, Döbrentei tér 9
▪ Baños termales: 6.00-20.00 todos los
días; baños nocturnos: 22.00-3.00 vi y
sá; baños turcos (solo hombres): 6.00-
20.00 lu, mi y ju, 6.00-12.45 vi; baños
turcos (solo mujeres): 6.00-20.00 ju;
baños turcos (mixto): 13.00-20.00 vi,
6.00-20.00 sá y do ▪ Se cobra entrada
▪ www.budapestspas.hu

Construido por los turcos en el
siglo XVI, es de los más antiguos de
la ciudad. Hay seis piscinas de vapor
y una para nadar *(ver p. 78).*

10 Ensana Thermal Margaret Island
El balneario más exclusivo de Budapest
pertenece al Ensana Thermal Margaret
Island *(ver p. 23).*

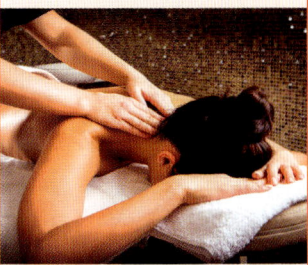

Relajante masaje en los hombros

1 Masaje
Casi todos los balnearios y piscinas
ofrecen diversos tipos de masajes
relajantes; hay que pagar un extra.

2 Precio
La lista de precios, colocada a la entrada
de todos los balnearios y escrita en
húngaro, alemán e inglés, suele ocupar
varias páginas. El precio de la entrada
varía en función del servicio contratado
y vale para un día. La última admisión
es una hora antes del cierre.

3 Toallas
Traiga su propia toalla o alquile una por
una tarifa módica más un depósito.

4 Albornoces
En los balnearios donde hombres y
mujeres se bañan por separado (como
el Rudas), le entregarán una pequeña
sábana.

5 Taquillas
La mayoría de los balnearios dispone de
taquillas donde se pueden guardar los
objetos de valor por una pequeña tarifa.

6 Temperatura del agua
En todos los balnearios, la temperatura
del agua se muestra junto a la piscina.

7 Saunas
El acceso a la sauna (si la hay) suele
estar incluido en el precio de la
entrada básica.

8 Separación por sexo
La mayoría de los balnearios son
unisex. En el caso de separación
por sexos, el bañador es opcional.

9 Piscinas de olas
Los balnearios Gellért, Dagály y
Palatinus cuentan con sistemas de olas
artificiales.

10 Baño familiar
Los niños son bien recibidos. Conviene
saber que los baños termales son
aptos a partir de 14 años.

📖10 Rutas menos frecuentadas

① Museo Kisceli
PLANO P1 ■ III, Kiscelli utca 108 ■ 06 250 03 04 ■ Horario: 10.00-18.00 ma-do ■ Se cobra entrada ■ www.kiscellimuzeum.hu

Aunque este museo ofrece una fascinante perspectiva de los últimos tres siglos de la historia de Budapest, su principal atractivo es el propio edificio, un elegante monasterio del siglo XVIII con una mezcla de estilos y encaramado sobre una colina boscosa.

② Parque del Pueblo
Los habitantes dirán que el parque de la Ciudad o Városliget es para los turistas y que los auténticos residentes en Budapest acuden a Népliget o parque del Pueblo *(ver p. 102)*. Alberga el planetario de la ciudad, actualmente de reformas. Aunque hoy resulte difícil imaginarlo, sus caminos fueron el circuito del Gran Premio de Hungría en 1936.

③ Balneario Lukács
No es tan famoso, pero el balneario Lukács *(ver p. 48)* ofrece una experiencia local. Sacar entradas es complicado y quizá haga falta ayuda de algún habitante que hable inglés, pero eso le da un aire menos turístico. Además, en este balneario los precios son mucho más bajos.

Puestos de verdura en el mercado Lehel

④ Mercado Lehel
PLANO D2 ■ XIII, Lehel tér ■ Abierto todos los días

A pesar de su aspecto exterior, el mercado de Budapest es una visita obligada si se quiere conocer dónde compran los locales. Allí encontrará a los granjeros que venden verdura fresca de sus propios huertos, así como deliciosos quesos caseros.

⑤ Tumba de Gül Baba
PLANO B2 ■ II, Mecset utca 14 ■ 06 1 237 44 00 ■ Horario: 10.00-18.00 diario ■ Se cobra entrada

Una cúpula de 400 años cubre la sepultura de Gül Baba, un derviche musulmán fallecido en 1541, justo después de la caída de Buda. Fue muy respetado por los húngaros. Rodeada por un rosal, la lápida está grabada con citas del Corán en letras de oro.

⑥ Plaza de Mikszáth Kálmán y Budapest VIII
PLANO D5 ■ VIII, Mikszáth Kálmán tér

Hace tan solo una década, esta plaza, junto con buena parte del distrito Budapest VIII, era una zona peligrosa para los turistas. Sin embargo, la inversión privada en sus elegantes pero descuidados edificios ha rejuvenecido la zona y ahora tiene un atractivo bohemio con tiendas de moda, galerías elegantes y bulliciosos locales nocturnos. En verano, la plaza es un magnífico lugar para pasear y contemplar a residentes y visitantes disfrutando de las terrazas de los cafés.

Plaza Fő, Óbuda
PLANO P1

El núcleo de la plaza Fő, en el barrio residencial de Óbuda, es el palacio Zichy, de obligatoria visita para los entendidos y sede de los museos dedicados a las obras vanguardistas de Vasarely *(ver p. 45)* y Kassák *(ver p. 104)*. El palacio neobarroco de la plaza Fő, enfrente, quizá sea aún más impresionante, y justo al norte de la plaza, en Laktanya utca, hay un grupo de estatuas, *Mujeres con paraguas*, obra del escultor contemporáneo Imre Varga.

Cuevas Pálvölgy

Estas cuevas son menos famosas que las más accesibles de Szemlő-hegy *(ver p. 101)*. Los lugares más espectaculares de Pálvölgy solo pueden contemplarse subiendo empinadas escaleras y sorteando formaciones rocosas naturales en una visita de tres horas con un guía experimentado *(ver p. 103)*.

Centro Conmemorativo del Holocausto

La exposición multimedia interactiva de este centro *(ver p. 91)* cuenta la historia de las comunidades judía y romaní de Hungría durante el Holocausto. Aquí se exponen noticieros, fotografías y objetos personales y religiosos.
El centro también alberga la sinagoga restaurada de la calle Páva de 1924, que tiene un muro conmemorativo grabado con los nombres de los que perdieron la vida durante el Holocausto.

Sinagoga de la calle Páva

Aquincum

Aquincum *(ver p. 101)*, uno de los yacimientos romanos más grandes de Europa central, no es tan famoso entre los visitantes de Budapest. Recorrer sus antiguas calles es una delicia, sobre todo a primera hora de la mañana.

Edificios en ruinas de la antigua ciudad romana de Aquincum

TOP 10 Budapest para niños

② Balneario Palatinus

El balneario Palatinus (ver p. 49), el complejo de piscinas y baños termales más popular de Budapest, se encuentra en Isla Margarita. Sus toboganes y diversas piscinas infantiles lo convierten en una buena opción para las familias.

③ Tren infantil y tren de cremallera

Tren infantil: PLANO N1-N2; XII, Golfpálya út; 06 1 397 53 92; horario: 9.00-16.00 todos los días (el horario del último tren varía); se cobra entrada; www.gyermekvasut.hu ■ Tren de cremallera: PLANO N1-N2; II, estación Városmajor, Szilágyi Erzsébet fasor 16; 06 1 355 41 67; horario: 5.00-23.45 todos los días; se cobra entrada; www.bkk.hu

El tren de vía estrecha que atraviesa las colinas de Buda (ver p. 101) desde la colina de Széchenyi hasta el valle de Hűvös está pensado para niños de entre 9 y 14 años. Los únicos adultos a bordo son los maquinistas. Para llegar hay que coger un tren de cremallera desde la estación Városmajor. La vía tiene 3.730 m de largo y asciende 315 m.

① Museo del Pinball

PLANO C2 ■ VIII, Radnóti Miklós utca 18 ■ Horario: 16.00-23.00 mi-vi, 14.00-23.00 sá, 10.00-22.00 do ■ Se cobra entrada ■ www.flippermuzeum.hu

Este extravagante museo alberga un tesoro de más de 130 máquinas de pinball, desde ejemplares de finales del siglo XIX hasta las de última generación del siglo XXI. Se puede jugar con casi todas. Además, hay una selección de videojuegos antiguos, futbolines y mesas de hockey de aire.

④ Csopa (Centro de Maravillas Científicas)

PLANO E3 ■ III, Bécsi út 38-44 ■ Horario: 10.00-19.00 todos los días ■ Se cobra entrada ■ www.csopa.hu

Ofrece un aprendizaje lúdico para todas las edades. Nos acerca al mundo de la física con más de 100 muestras interactivas sobre la ciencia.

⑤ Funicular del castillo

Los niños adoran viajar en la cabina delantera del funicular del castillo de Budapest (ver p. 47). El trayecto dura poco más de tres minutos, pero las vistas son magníficas.

Máquinas en el Museo del Pinball

Acróbatas en el Circo Capital

6 Circo Capital
PLANO E2 ▪ XIV, parque de la Ciudad (Városliget), Állatkerti körút 12/a ▪ 06 1 343 83 00 ▪ Funciones: 15.00 mi-sá (también 19.00 sá) ▪ Se cobra entrada ▪ www.fnc.hu

Este circo permanente ofrece diversión para toda la familia. El programa varía pero se centra en los vuelos de acróbatas, a veces de renombre internacional. Se suelen programar espectáculos de luz y agua, así como de payasos. En verano, acoge el Festival Internacional de Circo. Las funciones duran unas dos horas, los más pequeños pueden cansarse.

7 Parque Memento
Los jóvenes aficionados a la historia disfrutarán con este impresionante museo al aire libre (ver p. 102), que combina gigantescas estatuas de personajes como Vladimir Lenin y Karl Marx con una exposición práctica e interactiva dedicada al pasado comunista de Hungría. También se puede dar un paseo en un Trabant, un emblemático coche de la época comunista, y comprar recuerdos de estilo soviético en la tienda de regalos.

8 Zoo de Budapest
El gran zoo de Budapest posee un amplio acuario, un impresionante aviario y una magnífica sección de reptiles. El personal habla varios idiomas y enseñan a los niños muchas cosas sobre los animales (ver p. 97).

9 Laberinto
PLANO G2-G3 ▪ I, Úri utca 9 ▪ 06 1 212 02 07 ▪ Horario: 10.00-19.00 todos los días ▪ Se cobra entrada ▪ www.labirintus.eu

A los niños más mayores les encantará explorar en este laberinto de túneles. Se piensa que estas cuevas, de 15 m por debajo del nivel del suelo, las formaron los manantiales termales aproximadamente hace medio millón de años. Fueron un cobijo para cazadores y recolectores hacia el 10000 a. C. y sirvió de refugio antiaéreo durante la Segunda Guerra Mundial. En la exposición especial sobre Drácula, hay una cámara de tortura y maniquíes de sus víctimas.

Lago del parque de la Ciudad

10 Patinar sobre hielo y remar
PLANO E2 ▪ Parque de la Ciudad (Városliget), Budapest XIV ▪ Lago para remar: Olof Palme sétány 5; 0620 261 52 09; horario: 10.00-22.00; se cobra entrada ▪ Pista de patinaje: 06 1 363 26 73; fin oct-prin mar; los horarios varían; se cobra entrada; www.mujegpalya.hu

En invierno, el lago del parque de la Ciudad se convierte en una magnífica pista de patinaje sobre hielo para patinar al ritmo de la música clásica. En verano, las familias recorren en barca el lago. Los patines y las barcas se pueden alquilar en el embarcadero.

🔟 **Restaurantes**

Majestuoso interior del Onyx Restaurant

1 Onyx Restaurant
Conectado con el legendario Gerbaud Cukrászda *(ver p. 57)*, el restaurante Onyx *(ver p. 85)* es el primer restaurante húngaro con dos estrellas Michelin. Excelente cocina *gourmet* tradicional, famoso por sus aclamados y exquisitos platos, como el delicioso estofado de ternera con langostinos.

2 Kacsa Vendéglő
Kacsa *(ver p. 73)* significa pato en húngaro, así que resulta sencillo deducir qué domina su menú. El pato se ofrece en numerosos y deliciosos guisos. La carta incluye también otros ingredientes. La lista de vinos es sencillamente magnífica.

3 Arany Kaviár
Este precioso y pequeño restaurante *(ver p. 73)* sirve una atrevida mezcla de comida local y rusa. Entre sus especialidades están los *pelmenyi* (raviolis rusos). Todos los platos son una obra de arte y se pueden acompañar con vinos cuidadosamente escogidos o con uno de los exclusivos vodkas. El personal le ayudará a entender el menú.

4 Costes
Este contemporáneo y elegante restaurante *(ver p. 93)* fue el primero de Budapest en recibir una estrella Michelin. Se trata a los comensales con un inolvidable despliegue de combinaciones de colores, sabores y texturas.

5 Nobu
Aquí está la sede principal en Europa Central de este restaurante global. La comida de Nobu *(ver p. 93)* es sin duda espectacular. Aquí se da cita la élite para disfrutar de cocina japonesa donde se redefinen técnicas tradicionales con sabores sudamericanos. Amplia selección de cócteles; no hay que perderse el bar de sushi.

6 Comme Chez Soi
A pesar de su nombre, este local *(ver p. 93)* sirve comida italiana, incluidos algunos de los mejores platos de marisco de la ciudad. Una experiencia culinaria fantástica para el comensal, que puede ver cómo se elaboran justo antes los platos en la cocina abierta que hay tras la barra.

7 Restaurante DNB
El restaurante insignia *(ver p. 93)* del emblemático Budapest

Marriott es un impresionante restaurante "de la granja a la mesa" que hace un uso magnífico de ingredientes de temporada y de origen local. Se recomiendan la trucha a la sartén con escabeche de ajo o la ensalada de remolacha asada. El restaurante ofrece impresionantes vistas del Danubio y del castillo de Buda.

⑧ Búsuló Juhász Étterem
Las vistas de este restaurante tradicional *(ver p. 79)* situado en la ladera de la colina Gellért resultan impresionantes. Comida de temporada; vale la pena acudir tanto por la comida como por las vistas. Estupendo lugar para deleitarse con un café y un dulce.

⑨ Alabárdos Étterem
Este es casi el único local *(ver p. 73)* que ofrece comida húngara y transilvana preparada a la antigua. Toda la carta es tradicional, desde la terrina de hígado de ganso hasta el delicioso pollo con pimentón y el *strudel* de natillas. Los precios son altos, pero merece la pena.

Alabárdos Étterem

⑩ Kollázs
El hotel Gresham Palace *(ver p. 83)* tiene una larga e ilustre historia gastronómica y su último restaurante es todavía mejor. Se sirve comida de primera en una *brasserie* y bar de estilo secesionista espectacular. Hay tentempiés como crujiente ganso y hamburguesas de confit de ternera. En verano, los comensales pueden cenar en una grandiosa terraza.

TOP 10: PLATOS HÚNGAROS

***Toltött paprika* (pimiento relleno)**

1 Töltött paprika
Otro destacado plato transilvano: pimientos rellenos de arroz y carne picada servidos en salsa de tomate.

2 Kolbász
Salchichas de todo tipo. La clásica salchicha húngara lleva muchas especias.

3 Bakonyi sertésborda
Chuleta de cerdo con una cremosa salsa de champiñones.

4 Bélszínszelet Budapest módra
Plato típico de Budapest con ternera y pimentón, pero la ternera tiene que ser de muy buena calidad para ofrecer su mejor sabor.

5 Marhapörkölt tarhonyával
Este típico *goulash* de ternera húngaro con salsa caliente de pimentón se suele acompañar de fideos tiernos.

6 Brassói aprópecsenye
Guiso de cerdo con mucho ajo y pimentón servido con patatas fritas.

7 Borjúbélszín Gundel módra
Medallones de ternera con una espesa salsa de champiñones.

8 Erdélyi fatányéros
Típico plato transilvano, mezcla de cerdo y ternera a la brasa, acompañado generosamente de encurtidos, pimientos y patatas fritas. Las raciones suelen ser para dos y se presentan en una bandeja de madera.

9 Libamáj Zsírjában
El hígado de ganso frito en su propia grasa es una especialidad húngara; es considerado un manjar.

10 Halászlé
Los húngaros no cocinan mucho pescado, pero esta sopa de carpa aderezada con pimentón es popular en invierno.

Para consultar los rangos de precios de los restaurantes, ver p. 73

🔟 Cafés, *pubs* y bares

① Tóth Kocsma

A pesar de estar cerca de muchos lugares de interés, este local *(p. 84)* tiene el aire de un *pub* clásico de Budapest. Copas a buen precio, entre las que hay una extensa carta de sidra artesanal, buena comida y mesas en la acera si el tiempo es bueno. Es pequeño, prepárese para estar de pie.

② Szimpla Kert

Este es el más grande de los *pubs* ruinosos del distrito VII *(ver p. 92)* y uno de los más conocidos. Hay muchos recovecos en el interior del edificio, mientras que en el exterior hay amplios asientos, además de cine de verano. Alberga conciertos gratuitos en verano de distintos tipos de música como jazz, rock o blues.

Vinatería húngara Doblo

④ Doblo

Este pequeño bar con ladrillo visto en el interior y exterior *(ver p. 92)*, ofrece una de las selecciones de vinos húngaros más amplias de la ciudad. Casi todos ellos se venden por copas. Hacen énfasis en el vino local, pero se puede escoger de una amplia carta internacional. Al experto personal le agrada hacer sugerencias. Hasta el menú de aperitivos presenta sugerencias del vino con que acompañarlos.

⑤ Ötkert

Los *pubs* ruinosos de Budapest son legendarios, pero este local *(ver p. 84)* le ha dado un sofisticado giro al concepto. Está en el centro de la ciudad y sirve comidas ligeras y cócteles. A medida que avanza la noche, se convierte en un local informal con DJ.

Szimpla Kert, bar de moda

③ Blue Bird Café

PLANO M3 ◼ **VII, Dob utca 16** ◼ **06 208 05 80** ◼ **Horario: 9.00-22.00 todos los días**

Un diseño original, su café premiado, grandes desayunos al estilo americano y grandes rebanadas de bizcocho casero hacen que sea el café más popular de la ciudad. También es uno de los más vistosos. Presume de un patio interior que ofrece una agradable escapada del calor estival. Admite mascotas.

⑥ AlterEgo

Situado dentro de una bodega, este acogedor lugar *(ver p. 84)* es el mejor local LGTBIQ+ de Budapest. Conocido por su ecléctica mezcla de música y divertidas fiestas temáticas, AlterEgo también acoge populares espectáculos *drag* todos los sábados por la noche, con actuaciones de baile, monólogos y sincronización de labios. Las bebidas están bien de precio para ser un local tan céntrico.

7 Boutiq'Bar

Fuera de los hoteles elegantes, en el centro de Pest no solía haber buenos bares de copas, aunque ya no es el caso. Al joven personal de mezcladores de este local *(ver p. 84)* le gusta preparar cócteles clásicos e innovadores. Los precios no son bajos, pero la calidad de las bebidas es soberbia y el servicio es impecable.

8 Café Vian

Este local *(ver p. 98)* está siempre lleno, tanto de día como de noche. El ambiente cálido y acogedor se mezcla con un aire contemporáneo y tradicional. También sirven buena comida.

Pasteles de Gerbeaud Cukrászda

9 Gerbeaud Cukrászda (Café Gerbeaud)

Probablemente el café más famoso y elegante de Budapest *(ver p. 92)*. Es el lugar ideal para los amantes del café y los postres. Vale la pena detenerse a admirar la caja registradora y los salones con sus lámparas de araña.

10 New York Café és Étterem

Cafetería y restaurante *(ver p. 98)* ubicado dentro del hotel New York Palace *(ver p. 114)* tiene una historia fascinante. Techos ricamente decorados y pequeñas sillas doradas desmienten que en otra época fuera un lugar frecuentado por escritores pobres. Comida excelente, pero las raciones pueden resultar escasas.

TOP 10: BEBIDAS HÚNGARAS

1 Pálinka
Este brandy de fruta se elabora a base de las que se cultivan en los huertos de la gran meseta húngara.

2 Unicum
El doctor Zwack, médico de la corte, lo prescribía al rey como remedio; está hecho a base de más de 40 hierbas.

3 Pezsgő
Vino espumoso de calidad con prestigio en Hungría.

4 Fröccs
Bebida con burbujas muy refrescante en verano, hecha mezclando vinos con *szódaviz* (agua con gas).

5 Szódavíz
Inventada por el científico húngaro Ányos Jedlik, es la auténtica bebida nacional, disponible en varios *pubs*. Más barata que el agua mineral.

6 Bikavér
Conocida como "Sangre de Toro", vino tinto seco elaborado con uvas que abarcan desde tintas burdeos hasta ruby.

7 Sör
Entre las marcas de sör (cerveza) húngaras más famosas están Dreher, Soproni y Borsodi.

8 Puszta koktél
El cóctel tradicional de hungría, hecho con vino Tokaji *szamorodni*, brandi de albaricoque, licor Mecsek y aceite de limón o cereza agria.

9 Szörp
Un sirope loca casero de fruta y hierbas empleado para preparar bebidas en algunos bares.

10 Tokaji aszú
El vino dulce más famoso, elaborado en la región vinícola de Tokaj.

Vino blanco de la zona de Tokaj

TOP 10 Tiendas y mercados

WestEnd City Center

1 WestEnd City Center
PLANO C2 ▪ **VI, Váci út 1-3** ▪ **06 1 238 77 77** ▪ **Horario: 8.00-22.00 todos los días** ▪ **www.westend.hu**

Este amplio complejo con tres plantas y más de 400 comercios se encuentra junto a la estación de ferrocarril Nyugati. Aquí se puede encontrar toda clase de productos, aunque no ofertas, ya que los precios suelen ser altos. No hay que olvidarse del jardín de la azotea.

2 Palais Herend
PLANO K3 ▪ **V, József nádor tér 10-11** ▪ **20 241 57 36** ▪ **Horario: 10.00-18.00 lu-vi, 10.00-14.00 sá** ▪ **www.herend.com**

Palais, que es, además, un museo, es uno de los comercios autorizados para vender la mejor porcelana de Hungría, conocida como Herend. La fábrica de Herend, al oeste de la ciudad, lleva generaciones fabricando exquisita porcelana. La mayoría de las piezas de Apponyi resultan caras. Todos los artículos están expuestos en grandes muebles de madera bajo un maravilloso techo de madera.

3 Calles de la moda
PLANO K3 ▪ **Deák Ferenc utca** ▪ **PLANO L2-L3** ▪ **Andrássy út**

Las tiendas y cafés de moda se concentran en dos de las calles comerciales más elegantes de la ciudad. Deák Ferenc utca (también llamada Calle de la Moda), que discurre hacia la calle Váci, alberga marcas como Hugo Boss o Tommy Hilfiger. Las alternativas más glamurosas están en la elegante avenida de Andrássy *(ver p. 95)*.

4 Allee
XI, Október Huszonharmadika utca 8-10 ▪ **06 1 372 72 08** ▪ **Horario: 9.00-22.00 lu-sá (hasta 20.00 do)** ▪ **allee.hu**

En la vertiente de Buda del Danubio, es un centro comercial que admite mascotas donde se puede encontrar casi de todo, desde ropa hasta electrónica, y una serie de restaurantes y cafés. Famoso tanto entre los habitantes como los turistas. Aquí se amontonan muchos comercios grandes y se accede con facilidad desde el centro en transporte público.

Comprando en el Mercado Central

⑤ Mercado Central

PLANO M6 ▪ V, Vámház körút 1-3 ▪ Horario: 6.00-17.00 lu (hasta 18.00 ma-vi, hasta 15.00 sá y do) ▪ www.piaconline.hu

El principal mercado de alimentación de Budapest resulta estupendo para comprar manjares locales. La planta alta acoge varios puestos de alimentos, restaurantes y tiendas de recuerdos.

⑥ Polgár Galéria

PLANO M4 ▪ V, Kossuth Lajos utca 3 ▪ 06 1 318 69 54 ▪ Horario: 10.00-17.00 lu-vi, 10.00-12.30 sá ▪ www.polgar-galeria.hu

Magnífica galería de arte y antigüedades donde se pueden adquirir obras de artistas húngaros clásicos y contemporáneos. También se encuentran antigüedades raras, como muebles del imperio Habsburgo. La galería se encarga del envío y el papeleo necesario.

⑦ Rózsavölgyi Szalon Arts & Café

PLANO L4 ▪ Szervita tér 5 ▪ 06 1 318 35 00 ▪ Horario: 10.00-20.00 lu-sá ▪ www.szalon.rozsavolgyi.hu

Rózsavölgyi es un tesoro para los amantes de la música. Inaugurado en 1912, está especializado en partituras y discos. También vende instrumentos musicales. Se celebran actuaciones teatrales y musicales, así como actos literarios y relacionados con las bellas artes, de los que se puede disfrutar con una taza de café o una comida ligera.

⑧ BÁV Jewellery (Rubin Ékszerbolt)

BÁV Jewellery: PLANO L4; V, Párizsi utca 2; 06 1 318 62 17 ▪ BÁV: PLANO K3; V, Bécsi utca 1; 06 1 429 30 20 ▪ Horario (ambas tiendas): 10.00-18.00 lu-sá ▪ www.bav.hu

Una de las casas de subastas más conocidas de Hungría ofrece en esta joyería una hermosa colección de relojes y joyas antiguos. Hay otras sucursales, cada una con una especialidad.

⑨ Memories of Hungary

PLANO L3 ▪ V, Hercegprímás út 8 ▪ 06 1 780 58 44 ▪ Horario: 10.00-22.00 todos los días ▪ www.memoriesofhungary.hu

Situada a un lado de la plaza de San Esteban, junto a la basílica, esta tienda vende productos tradicionales hechos por artesanos y artistas locales. Ofrece una amplia gama de tejidos, porcelana, cerámica y joyas.

Cerámica de Memories of Hungary

⑩ WAMP (Diseño en la Ciudad)

PLANO C4 ▪ V, Erzsébet tér ▪ PLANO A2 ▪ II, Kis Rókus u. (parque Millenáris) ▪ www.wamp.hu

Esta feria de diseño que se celebra de vez en cuando los fines de semana en dos lugares ofrece a los jóvenes diseñadores húngaros la oportunidad de vender sus artículos hechos a mano, entre los que hay textiles y menaje.

De compras en el WAMP

TOP 10 **Budapest gratis**

El dique de Pest

1 Dique de Pest

El paseo por el dique del Danubio desde el puente de Isabel hasta el Parlamento *(ver pp. 46-47)* es un viaje por diversas épocas de la historia y arquitectura húngaras, bajo la mirada del Palacio Real en la otra orilla. Esté atento a los artistas y músicos callejeros en verano.

2 Los zapatos del Danubio

Este conmovedor monumento *(ver p. 46)* rinde homenaje a las víctimas del Holocausto. Presenta una colección de 60 pares de zapatos de hierro fundido que conmemoran a los judíos a los que se ordenó que se quitaran el calzado antes de ser ejecutados. Esta conmovedora exposición, triste testimonio del oscuro pasado de la ciudad, puede verse a orillas del Danubio, entre el Parlamento *(ver pp. 12-15)* y la Academia de las Ciencias *(ver p. 82)*.

3 Museos en festividades nacionales

La mayoría de los museos nacionales y municipales de Hungría son gratis en las festividades nacionales *(ver p. 63)*. El Museo Nacional *(ver pp. 34-35)*, la Galería Nacional de Hungría *(ver pp. 26-29)* y el Museo de Bellas Artes *(ver p. 95)* son lo mejor de lo mejor. La visita guiada al Parlamento *(ver pp. 12-15)* no es gratuita.

4 Visitas a pie

Los guías turísticos en ciernes, y algunos residentes que solo pretenden ofrecer sus conocimientos de la ciudad, ofrecen rutas temáticas gratuitas a pie todos los días en primavera y verano. El punto de encuentro es la fuente de la plaza de Vörösmarty: llegue allí entre las 10.00 y las 11.00 y no debería tener problema para encontrar una ruta a la que sumarse. Aunque es gratis, el guía agradecerá un donativo si la ruta le parece que lo vale.

5 Carnaval del Danubio

En junio, el Carnaval del Danubio se apropia de la plaza de Vörösmarty, el dique de Pest y, algunos fines de semana, el puente de las Cadenas. Casi todos los conciertos, desfiles, arte callejero y actos infantiles celebrados en el marco del festival son gratuitos.

6 Colina de Gellért

La colina de Gellért *(ver p. 78)* es asombrosamente empinada y subir hasta la ciudadela representa todo un reto incluso para quien tenga una gran forma física. Deténgase para admirar el Monumento Gellért durante el ascensión antes de bajar por el otro lado pasando por la sin igual iglesia rupestre *(ver p. 75)*.

7 Bastión de los Pescadores

La vista que define Budapest es la que se ofrece desde las torretas del bastión de los Pescadores, en el castillo, desde donde se pueden ver

Bastión de los Pescadores

los principales lugares de la ciudad. Asegúrese de llegar pronto por la mañana para disfrutar de lo mejor del lugar, pues la multitud puede ser avasalladora más tarde *(ver p. 70)*.

8 Parque de la Ciudad

El parque más grande del centro *(ver pp. 94-97)* ofrece un amplio abanico de actividades gratuitas, desde admirar el Monumento del Milenio hasta disfrutar de un paseo por sus senderos frondosos. El parque presume de gran número de lechos de flores en torno al lago central.

Castillo Vajdahunyad

9 Isla Margarita

La elegante isla, un parque desde la década de 1860, es donde los habitantes de Budapest acuden para encontrar tranquilidad. Pasee de un extremo a otro, entre las ruinas de un monasterio dominico del siglo XIII, una torre protegida por la Unesco y el exuberante jardín japonés, todo gratis *(ver pp. 22-23)*.

10 Iglesia parroquial del centro

Mientras la iglesia de Mátyás atrae toda la atención de los turistas (pese a su precio de entrada), la mayoría de los habitantes le dirá que la iglesia parroquial del centro de la ciudad es aún más imponente. Busque los restos de los frescos originales del siglo XV, así como el *mihrab*, un recordatorio de la ocupación turca *(ver p. 89)*.

TOP 10: A BUEN PRECIO

Vino húngaro

1 La cerveza y el vino húngaros son más baratos que el alcohol importado (y suelen tener mucho mejor sabor).

2 La mayoría de los restaurante del centro de la ciudad, sobre todo los cercanos a edificios oficiales, ofrecen menús baratos a la hora de comer.

3 Los principales parques de Budapest, el parque del Pueblo (Népliget) y el parque de la Ciudad (Városliget), son lugares perfectos para hacer un pícnic.

4 Busque conciertos gratuitos y actuaciones callejeras en la plaza de Vörösmarty y en la calle Váci.

5 Casi todos los hoteles de Budapest suelen tener una tarifa un poco más alta los fines de semana.

6 Los mejores albergues de Budapest suelen tener habitaciones individuales con baño, mucho más baratas que las de los hoteles.

7 Compre una tarjeta de transporte si va a utilizar transporte público. Las hay para 1, 3 o 7 días y abaratan mucho el transporte *(ver www.bkk.hu/en)*.

8 Haga como los jubilados y acuda a los balnearios a primera hora de la mañana para beneficiarse de los mejores precios.

9 La Budapest Card ofrece transporte público gratuito y reducción en el precio a una serie de museos y atracciones *(ver www.budapest-card.com/en)*.

10 Los taxis amarillos autorizados tienen tarifa fija. Asegúrese de que el precio por km se expone con claridad.

Un taxi autorizado de Budapest

🔟 Festivales y acontecimientos

Baile y espectáculos con láser en el Festival Sziget de pop y rock

① Festival de Primavera de Budapest

www.btf.hu

Dura dos semanas de abril y recibe a artistas de talla mundial. Numerosos escenarios de la ciudad ofrecen magníficas representaciones de ópera, música de cámara y clásica, literatura y teatro.

② Festival de Danza de Budapest

www.budapesttancfesztival.hu

Celebrado normalmente a finales de febrero, este festival presenta las producciones de la temporada, con compañías extranjeras y los mejores bailarines húngaros. Los escenarios son el Teatro Nacional de Danza y el centro cultural de Hungría en el palacio de las Artes.

③ Festival de Verano de Budapest

www.szabadter.hu

Este festival se celebra cada fin de semana de junio a agosto. Hay teatro internacional y húngaro y conciertos de música en el parque municipal.

④ Gran Premio de Hungría

www.hungaroring.hu

El circuito de Hungaroring está a 19 km de Budapest. La ciudad se ve invadida por el Gran Premio una semana antes del fin de semana de la carrera (normalmente en julio). Las entradas son caras y conviene reservarlas con antelación.

⑤ Festival Sziget

www.sziget.hu

El mayor festival de pop-rock de Europa Central saca buen provecho de Óbudai, una isla en medio del Danubio, en la que actúan durante una semana en agosto artistas internacionales. La mayoría de los asistentes permanece toda la semana en la isla, durmiendo en tiendas de campaña.

⑥ Festival de Artes Populares

Cada agosto, el arte y la artesanía inundan durante cuatro días Dísz tér, en el barrio del Castillo. Acuden artesanos de toda Hungría para mostrar y vender sus piezas. Hay también actuaciones de música y bailes populares. Destaca el desfile de artesanía en el Día de San Esteban (20 de agosto).

Desfile del Festival de Artes Populares

Festival Judío de Verano
www.zsidokulturalisfesztival.hu

Este festival dedicado a la cultura judía dura una semana y se suele celebrar a finales de agosto. Música, baile, artes visuales, comedia y cabaré. En el quiosco Jewinform, al lado de la Gran Sinagoga de Dohány utca, se proporcionan todos los detalles *(ver pp. 36-37)*.

 Festival del Vino de Budapest
www.winefestival.hu

En septiembre, los alrededores del castillo de Buda se llenan con los mejores vinicultores y productores artesanos de alimentos, que exhiben sus últimas ofertas.

Festival del Vino de Budapest

 Festival de Artes Contemporáneas del Café Budapest
www.cafebudapestfest.hu

"El arte es comunicación, y las mejores comunicaciones se pueden aprender a través del arte". Este mensaje impulsa el Festival de Otoño. Una de las principales celebraciones de arte contemporáneo de Europa, el festival muestra a artistas con pocas oportunidades y pretende estimular la comunicación.

 Feria de Navidad de Budapest
www.budapestinfo.hu

A finales de noviembre, la plaza de Vörösmarty se convierte en un mercadillo con artesanía húngara y comida. A las 17.00 se abre una nueva ventana del calendario de adviento en la fachada del Gerbeaud Cukrászda *(ver p. 57)*.

TOP 10: DÍAS FESTIVOS

1 Aniversario de la revolución de 1848 (15 mar)
Los húngaros muestran su respeto a Sándor Petőfi en el Museo Nacional de Hungría *(ver pp. 34-35)*.

2 Semana Santa (mar/abr)
Como nación católica, los húngaros celebran la Pascua en casa.

3 Domingo de Pentecostés (7º domingo y lunes siguiente tras Semana Santa)
Fiesta nacional que celebra el descenso del Espíritu Santo.

4 Día del Trabajo (1 may)
Durante la etapa comunista, se celebraba con desfiles de trabajadores. Hoy continúa siendo fiesta nacional.

5 Día de San Esteban (20 ago)
Celebración de la coronación de san Esteban (István), patrón de Hungría, con fuegos artificiales sobre el Danubio.

6 Día de la República (23 oct)
Se recuerda el estallido de la revolución de 1956 y la proclamación de la República de Hungría en 1989.

7 Todos los Santos (1 nov)
Día dedicado a los santos que no tienen festividad propia. El día anterior se visitan los cementerios para encender velas en recuerdo de los seres queridos.

8 Día de Santa Claus (6 dic)
El día en el que los niños esperan encontrar los regalos de Santa Claus (Mikulás) en sus zapatos limpios.

9 Navidad (24-26 dic)
El mercado navideño se instala durante todo el mes de diciembre.

10 Año Nuevo (31 dic)
La Nochevieja se celebra en las calles. En la plaza de Vörösmarty, suele haber conciertos y fuegos artificiales.

Escena navideña

TOP 10 Excursiones desde Budapest

1 Visegrád

Autobús desde Újpest-Városkapu ■ **Castillo: mar, abr y oct: 9.00-17.00 diario; may-sep: 9.00-18.00 diario; nov: 9.00-16.00 diario; dic-feb: 10.00-16.00 vi-do** ■ **Palacio: 9.00-18.00 ma-do** ■ **www.visegrad.hu**

Posee ruinas de un castillo del siglo XIII. Se encuentra en lo alto de una colina, sobre la ciudad. Se puede explorar una reconstrucción hecha en el siglo XX.

Palacio Real de Gödöllő

2 Gödöllő

HÉV desde Örs Vezér tere ■ **Palacio de Grassalkovich: 0628 41 01 24; abr-oct: 10.00-17.00 lu-vi, 10.00-18.00 sá y do; nov-mar: 10.00-16.00 lu-vi; 10.00-17.00 sá y do; www.kiralyikastely.hu**

Los conciertos y representaciones de teatro al aire libre del palacio de Grassalkovich del siglo XVIII ya

destacan, pero el palacio barroco y el museo merecen una visita.

3 Fót

Autobús desde Újpest-Városkapu; tren desde Nyugati pu ■ **Palacio: www.fotikastelyetterem.hu**

En Fót se encuentra el palacio Károlyi, cuna del primer presidente de Hungría, Mihály Károlyi. También merece la pena visitar la iglesia de la Inmaculada Concepción.

4 Kecskemét

Tren desde Nyugati pu ■ **Ayuntamiento: 0676 51 22 63** ■ **Palacio Cifra: 0676 48 07 76** ■ **www.kecskemet.hu**

El atractivo de Kecskemét es el ayuntamiento, con azulejos rosados y chapiteles tipo minarete. Asimismo destaca el palacio Cifra, de estilo secesionista, construido en 1902.

5 Ráckeve

Autobús desde Népliget ■ **Iglesia: 0630 429 72 48; www.tourinformrackeve.hu**

Lo más notable de esta ciudad es su iglesia ortodoxa –la más antigua de Hungría–, construida en 1487 por los colonos serbios. El interior está cubierto de frescos.

La colorida plaza Fö, plaza principal de la ciudad ribereña de Szentendre

6 Szentendre

HÉV desde Batthyány tér
■ Museo Húngaro al Aire Libre: 0626
50 25 00; mar-nov: 9.00-17.00
ma-do; se cobra entrada; www.
skanzen.hu ■ Museo Ferenczy:
10.00-18.00 ju-do; se cobra entrada;
www.szentendre.hu

Szentendre, con calles empedradas,
edificios color pastel e iglesias ortodo-
xas, es una pintoresca ciudad húngara.
Entre sus lugares de interés se incluyen el Museo Húngaro al Aire Libre,
donde se ilustra la vida rural desde el
siglo XVIII hasta la Primera Guerra
Mundial, y la exposición de cerámica
Margit Kovács en el Museo Ferenczy,
donde se exponen obras de uno de los
mejores ceramistas de Hungría.

7 Kiskunfélegyháza

Tren desde Nyugati pu ■ Parque:
www.knp.hu ■ Información turística:
06 76 56 20 39; 8.00-16.00; www.
felegyhazaiturizmus.hu

El poeta nacionalista Sándor Petőfi (ver
p. 41) pasó parte de su infancia en esta
ciudad y su casa alberga hoy un museo.
Al este de la ciudad se encuentra el
Parque Nacional Kiskunfélegyháza.

8 Vác

Tren desde Nyugati pu ■ 0627
31 61 60 ■ www.tourinformvac.hu

Destruida y reconstruida en el
siglo XVII, esta ciudad medieval es
conocida por albergar el arco de
Triunfo de Hungría, levantado en 1764.

9 Martonvásár

Tren desde Déli pu ■ Palacio
Brunswick y parque: abr-oct: 9.00-
18.00 todos los días; nov-mar: 10.00-
16.00 mi-do ■ www.martonvasar.hu

El palacio Brunswick de Martonvásár
es una de las sedes reales mejor
conservadas de Hungría. El edificio
actual, del siglo XIX, rodeado de
espléndidos parques, es una copia
de una obra barroca de finales del
siglo XVIII.

10 Esztergom

Autobús desde Árpád híd; tren
desde Nyugati pu ■ www.esztergom.hu

Capital desde el siglo X hasta el XIII y
lugar de bautismo y coronación de
san Esteban, ha desempeñado un
papel importante en la historia húngara. La inmensa catedral es la sede
del catolicismo en Hungría.

Catedral de Esztergom

Recorridos
por Budapest

**El Danubio, el puente de las Cadenas y
la basílica de San Esteban al anochecer**

TOP10 Barrio del Castillo y norte de Buda

Declarada Patrimonio de la Humanidad por la Unesco, la ciudad medieval creció alrededor de un castillo construido en el siglo XIII en una colina para protegerlo de los invasores. Pero esto no fue suficiente para repeler a los turcos, que en el siglo XVI atacaron Buda. Fueron los Habsburgo quienes restauraron la ciudad en el siglo XIX con un hermoso estilo imperial. Al norte del castillo se encuentra Vízivaros (Ciudad de Agua), una zona antiguamente habitada por gente demasiado pobre como para vivir en la colina del castillo. Hoy es uno de los barrios residenciales más exclusivos.

BARRIO DEL CASTILLO Y NORTE DE BUDA

1	**Imprescindible** ver pp. 69-71
1	**Restaurantes** ver p. 73
1	**Cafés, *pubs* y bares** ver p. 72

1 Museo del Castillo

PLANO J4 ▪ I, ala E del Palacio Real, Szent György tér 2 ▪ 06 1 487 88 01 ▪ Horario: 10.00-18.00 ma-do ▪ Se cobra entrada ▪ www.varmuzeum.hu

Esta fascinante colección recorre la historia de la ciudad y el castillo. El sótano alberga una muestra sobre el castillo en la Edad Media, que incluye la recreación de una capilla abovedada de 1255. También se exhiben esculturas góticas y armaduras encontradas durante la restauración del palacio tras la Segunda Guerra Mundial. La planta baja muestra la evolución de la ciudad desde la época romana hasta el siglo XVII, mientras que la primera planta explora "Budapest en los tiempos modernos". El museo forma parte del Museo de Historia de Budapest, que también incluye Aquincum *(ver p. 101)*. Los residentes suelen llamarlo por ese nombre.

2 Palacio Real

PLANO B4

El recinto que comprende el castillo y el Palacio Real está compuesto por una amalgama de diversas construcciones. La mayor parte del actual palacio Habsburgo se levantó en el siglo XVIII, durante el reinado de María Teresa, aunque el solar estuvo ocupado por un palacio y dos castillos. El primer castillo fue erigido en torno a 1255, pero Mátyás I lo reconstruyó en 1458. Tras la Segunda Guerra Mundial, se volvió a remodelar el palacio y algunos elementos tuvieron que ser reconstruidos por completo. En la actualidad alberga varios museos, incluidos el Museo del Castillo y la Galería Nacional de Hungría.

3 Galería Nacional de Hungría

Se tardaría semanas en ver todas las piezas de la Galería Nacional de Hungría, pues en ella se exponen miles de obras. Desde retablos medievales hasta asombrosos cuadros de estilo Secesión. Comparte su colección con el Museo de Bellas Artes *(ver pp. 26-29)*.

Galería Nacional de Hungría

4 Palacio Sándor

PLANO H3 ▪ I, Szent György tér 1-3 ▪ Cerrado al público

El palacio Sándor es la residencia oficial del presidente húngaro. Solo se puede contemplar el edificio desde el exterior, pero su decoración neoclásica es magnífica y posee bajorrelieves de Richárd Török, Miklós Melocco y Tamás Körössényi. El palacio fue encargado en 1806 por el conde Vincent Sándor a Mihály Pollack y Johann Aman. Resultó dañado en 1944 y fue reconstruido tras la Segunda Guerra Mundial.

Palacio Real de Budapest

Interior de la iglesia de Mátyás

⑤ Iglesia de Mátyás

Levantada sobre el emplazamiento de una estructura del siglo XIII, fue reconstruida y bautizada con el nombre del rey Mátyás en el año 1470. Durante la mayor parte de la Edad Media, los húngaros tuvieron prohibido el acceso, ya que solo podían rezar en ella los alemanes. El templo ha acogido importantes acontecimientos, como la boda de Mátyás o las coronaciones de Franz József I y Carlos IV. Aquí están enterrados Béla III y su esposa. Cuando los turcos tomaron la ciudad, en la década de 1500, convirtieron la iglesia en una mezquita. Cuenta la leyenda que, en 1686, la Virgen se apareció ante los turcos que oraban. Estos lo tomaron como una señal de derrota y entregaron la ciudad de Buda a los Habsburgo. Durante la Segunda Guerra Mundial, se libraron duras batallas en sus inmediaciones y no se restauró hasta 1968 *(ver pp. 30-31).*

⑥ Calle de los Señores
PLANO G2 ▪ I, Úri utca

Las fachadas góticas y barrocas aportan a la calle de los Nobles *(Úri utca)* su peculiar carácter antiguo, aunque la mayoría de las casas, destruidas durante la Segunda Guerra Mundial, fue reconstruida entre 1950 y 1960. Lo más destacado de esta calle, que recorre toda la colina del Castillo, es la casa Höbling del n° 31, con su maravillosa fachada gótica, el Museo del Teléfono en el n° 49 y el laberinto *(ver p. 53)*, cuya entrada se sitúa en el n° 9. Lo mejor para descubrir su verdadero atractivo consiste en recorrerla entera a pie.

⑦ Bastión de los Pescadores
PLANO H2 ▪ I, Halászbástya, Szentháromság tér

Desde primera hora de la mañana hasta la noche, los visitantes observan desde las torretas del bastión de los Pescadores las vistas más pintorescas de Pest, gratis. Frigyes Schulek lo construyó en 1895 en estilo neorrománico como monumento al gremio de pescadores.

Vista desde el bastión de los Pescadores

8 Iglesia de Santa María Magdalena

PLANO G2 ■ **I, Kapisztrán tér 6**

Esta iglesia, hoy en ruinas, fue construida en el siglo XIII para los habitantes húngaros de la ciudad, que tenían prohibido rezar en la iglesia de Mátyás. Lo único que sobrevivió a la Segunda Guerra Mundial fue la torre y la puerta. El lugar resulta encantador, ya que disfruta de una gran tranquilidad.

Plaza de la Puerta de Viena

9 Plaza de la Puerta de Viena

PLANO G1 ■ **I, Bécsi kapu tér**

La puerta que hoy se contempla es una réplica de la original, que iniciaba el camino de Buda a Viena. Fue levantada en 1936 para celebrar el 250° aniversario de la expulsión de los turcos de Buda. La plaza está rodeada por típicas casas góticas y barrocas. El enorme edificio de su lado izquierdo es el Archivo Nacional Húngaro, una estructura neorrománica famosa por su techo multicolor.

10 Plaza Batthyány

PLANO H1 ■ **I, Batthyány tér**

Esta plaza, el corazón de Víziváros, recibe su nombre del conde Lajos Batthyány, primer ministro durante el levantamiento húngaro de 1848-1849. Aunque deteriorada por el tráfico, está llena de bellezas arquitectónicas, como la casa Hikisch del n° 3, con bajorrelieves de las cuatro estaciones, y la iglesia de Santa Ana *(ver p. 43)*, un hermoso edificio barroco. Un monumento a Ferenc Kölcsey, que escribió la letra del himno nacional, domina la plaza.

UN DÍA EN EL BARRIO DEL CASTILLO Y NORTE DE BUDA

▶ MAÑANA

La mejor forma de subir hasta el castillo es tomando el **funicular** *(ver p. 47)* en Lánchíd utca. Desde lo alto, se puede contemplar el majestuoso exterior del **palacio Sándor** *(ver p. 69)*. En el otro extremo del palacio se sitúa la magnífica **Galería Nacional de Hungría** *(ver pp. 26-29)*. Se podría pasar aquí todo el día, pero si se planifica bien podría ver lo fundamental más o menos en una hora. Después se continúa paralelo a las murallas del castillo hasta la **calle de los Señores** *(Úri utca)*, llena de encantadores edificios góticos y barrocos. Se sugiere terminar la mañana con un tranquilo almuerzo en **Budavári Rétesbván** *(ver p. 72)*.

TARDE

Se continúa hacia el este hasta el **bastión de los Pescadores** para contemplar las vistas del Danubio y Pest en la orilla opuesta; conviene no olvidarse de la cámara. Al lado se alza la histórica **iglesia de Mátyás**. Se pueden comprar recuerdos en las tiendas de **Fortuna utca**, el hotel Hilton Budapest posee una maravillosa tienda de recuerdos *(ver p. 114)*, antes de seguir hasta las ruinas de la **iglesia de Santa María Magdalena**. Desde este templo, se regresa por la calle de los Nobles con el autobús del barrio del Castillo hasta **Ruszwurm** *(ver p. 72)*, para disfrutar de un pastel o *strudel*. Con un poco de suerte, se puede asistir a un concierto en la iglesia de Mátyás.

Ver plano en p. 68 ←

Cafés, *pubs* y bares

(1) Henri Belga Söröző
PLANO H2 ▪ **I, Bem rakpart 12** ▪ **Horario: 12.00-24.00** ▪ **www.belgas orozo.com**

En Henri Belga Söröző, situado junto a un restaurante homónimo, se sirven más de 20 tipos de cerveza belga.

Oscar American Cocktail Bar

(2) Oscar American Cocktail Bar
PLANO G1 ▪ **I, Ostrom utca 14** ▪ **06 70 700 02 22** ▪ **Horario: 17.00-3.00 mi-sá** ▪ **www.oscarbarbudapest.hu**

Este sofisticado bar ofrece una fantástica variedad de cócteles.

(3) Angelika
PLANO H1 ▪ **I, Batthyány tér 7** ▪ **Horario: abr-oct: 9.00-24.00; nov-mar: 9.00-23.00** ▪ **www.angelikacafe.hu**

Esta histórica pastelería, que ocupa una antigua cripta de la iglesia de Santa Ana *(ver p. 43), sirve* magníficos pasteles.

(4) Korona Kávéház
PLANO H3 ▪ **I, Dísz tér 16** ▪ **Horario: 10.00-18.00** ▪ **www.koronakavehaz.hu**

Café tradicional que pertenece a los mismos dueños del famoso Ruszwurm.

(5) Calgary Antik Drink Bar
PLANO B2 ▪ **II, Frankel Leó utca 24** ▪ **06 30 847 34 72** ▪ **Horario: 16.00-4.00**

Una combinación de anticuario, bar y local. Sigue abierto después de que la mayoría de los locales haya cerrado.

(6) Faust Wine Cellar
PLANO G2 ▪ **1014, Hess András tér 1-3** ▪ **06 20 326 35 03** ▪ **Horario: 14.00-20.00 ju-lu** ▪ **www.gbwine.eu**

En el barrio del Castillo, esta bodega es un lugar de escape de la bulliciosa ciudad. Hay catas de vino y *pálinka* a diario. El vino se vende por botellas.

(7) Móri Borozó
PLANO G1 ▪ **I, Fiáth János utca 16** ▪ **06 214 92 16** ▪ **Horario: 14.00-23.00 lu-sá**

El vino se puede pedir por copa y se sirve directamente del barril. Suele haber también buenos guisos.

(8) Budavári Rétesbvár
PLANO G2 ▪ **I, Balta Köz 4** ▪ **06 70 408 86 96** ▪ **Horario: 8.00-20.00**

Café tradicional húngaro, famoso por su apetecible *strudel.*

(9) Café Gusto
PLANO B2 ▪ **I, Frankel Leó utca 12** ▪ **06 316 39 70** ▪ **Horario: 8.00-23.00 lu-sá** ▪ **www.gustocafe.hu**

Este café sirve una amplia variedad de cafés italianos, ensaladas y bandejas generosas y una selección de vinos y licores.

(10) Ruszwurm
PLANO G2 ▪ **I, Szentháromság utca 7** ▪ **Horario: verano: 10.00-19.00 todos los días; invierno: 10.00-18.00 todos los días** ▪ **www.ruszwurm.hu**

Fundado en 1824, este café familiar es famoso por su delicioso *strudel* y su valioso mobiliario de época.

Nostálgico interior de Ruszwurm

Restaurantes

PRECIOS

Una comida de tres platos con media botella de vino (o equivalente), servicio e impuestos incluidos.

....

F menos de 5.000 Ft **FF** 5.000-10.000 Ft
FFF más de 10.000 Ft

1 Kacsa Vendéglő
PLANO B3 ▪ I, Fő utca 75 ▪ Horario: 12.00-24.00 ▪ www.kacsavendeglo.hu ▪ FFF

Excepcional restaurante *(ver p. 54)* por sus deliciosos platos de pato.

2 Baltazár
PLANO G2 ▪ I, Országház utca 31 ▪ 06 1 300 70 51 ▪ Horario: 7.30-23.45 todos los días ▪ www.baltazarbudapest.com ▪ FF

Comida sencilla pero deliciosa y a buen precio. Filetes, hamburguesas, pato y pollo, de origen local. En verano, vale la pena conseguir una mesa en la calle adoquinada.

3 Pavillon de Paris
PLANO H2 ▪ I, Fő utca 20 ▪ 0620 509 34 30 ▪ Horario: 12.00-23.00 todos los días ▪ www.pavillondeparis.hu ▪ FF

En este restaurante francés el marisco es la especialidad. También tiene una magnífica terraza y jardín.

4 Stand25
PLANO G3 ▪ I, Attila út 10 ▪ Horario: 12.00-16.00 y 18.00-23.00 lu-sá ▪ www.stand25.hu ▪ FFF

Elegante restaurante que sirve cocina húngara, como pastel de carne de ternera con puré de guisantes.

5 Budavári Mátyás
PLANO G2 ▪ I, Hess András tér 4 ▪ 06 30 984 75 18 ▪ Horario: 11.00-23.00 todos los días ▪ FFF

Cervecería de largas mesas muy apreciada por su buen ambiente, su bebida y su comida, sencilla pero deliciosa. Entre y disfrute de su menú a base de delicias sencillas pero exquisitas.

6 Csalogány 26
PLANO A3 ▪ I, Csalogány utca 26 ▪ Horario: 12.00-15.00 y 19.00-22.00 ma-sá ▪ www.csalogany26.hu ▪ FF

En este moderno restaurante se elabora cocina mediterránea sencilla, sobre todo asados a la brasa.

7 Hungarian Kitchen/21
PLANO G2 ▪ I, Fortuna utca 21 ▪ Horario: 12.00-24.00 ▪ www.21restaurant.hu ▪ FF

Aquí se disfruta de la mejor cocina húngara con un toque contemporáneo, y productos frescos del mercado.

8 Alabárdos Étterem
PLANO G2 ▪ I, Országház utca 2 ▪ Horario: 7.00-23.00 lu-vi, 12.00-15.00 y 7.00-23.00 sá ▪ www.alabardos.hu ▪ FFF

Un ejército de cocineros elabora al modo tradicional cocina húngara sensacional *(ver p. 55)*.

Elegante interior de Arany Kaviár

9 Arany Kaviár
PLANO G1 ▪ I, Ostrom utca 19 ▪ 06 201 67 37 ▪ Horario: 18.00-24.00 ma-do ▪ www.aranykaviar.hu ▪ FFF

En la época de los zares rusos servían caviar, panqueque ruso y champán en un opulento entorno *(ver p. 54)*.

10 Café Pierrot
PLANO G2 ▪ I, Fortuna utca 14 ▪ 06 1 375 69 71 ▪ Horario: 12.00-24.00 todos los días ▪ www.pierrot.hu ▪ FF

Este café, fundado en 1982 como el primer café-restaurante privado de la ciudad, ofrece comida y servicio magníficos.

Ver plano en p. 68

TOP 10 Gellért y Tabán

Esta zona está envuelta de antiguos misterios y supersticiones. Se cree que el obispo Gellért murió en la colina Gellért, que se eleva 140 m sobre la orilla occidental del Danubio. En 1046, unos ciudadanos enfurecidos lo lanzaron desde lo alto en un barril sellado por intentar convertirlos al cristianismo. La colina fue el emplazamiento de la monumental ciudadela de los Habsburgo, construida para reprimir la revuelta y reafirmar el control. A los pies de la colina, el lujoso hotel y balneario Gellért se alza como recuerdo de una época más amable. Durante siglos, Tabán fue el barrio más bohemio de la ciudad y estuvo lleno de bares y locales de apuestas. Más recientemente, los urbanistas crearon parques y zonas residenciales que hoy tienen los precios más altos de Budapest.

**Monumento
a la Liberación**

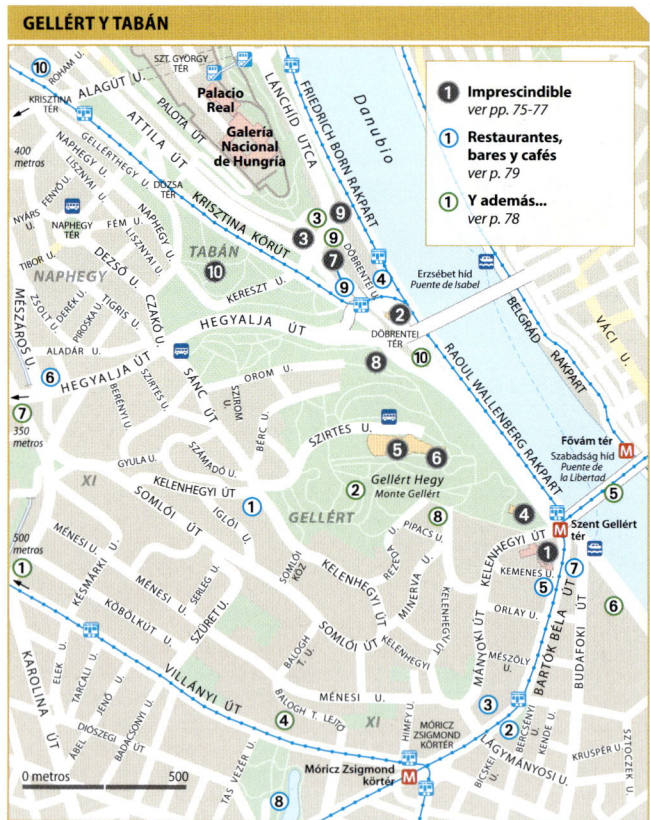

GELLÉRT Y TABÁN

- **1** Imprescindible
  ver pp. 75-77
- **1** Restaurantes,
  bares y cafés
  ver p. 79
- **1** Y además...
  ver p. 78

Piscina del balneario de Gellért

Gellért, fue diseñado por György Zala y erigido en 1932. Su emplazamiento original estaba en la otra orilla del río, de donde fue retirado por los comunistas en 1947. Hasta 1986 la estatua no se devolvió a su ubicación original.

③ Casa del Ciervo Dorado

PLANO J4 ▪ I, Szarvas tér 1 ▪ 06 375 64 51 ▪ **Horario: 11.30-22.00 todos los días** ▪ www.aranys zarvasetterem.hu

Esta casa característica de principios del siglo XIX, al pie de la colina del castillo, recibe el nombre de la posada que hubo aquí: "Bajo el Ciervo Dorado". Un soberbio bajorrelieve que hay en la entrada representa a un ciervo dorado perseguido por dos perros de caza.

④ Iglesia rupestre

PLANO K6 ▪ I, Szent Gellért rakpart 1 ▪ 0620 775 24 72 ▪ **Horario: 9.30-19.30 lu-sá** ▪ www.sziklatemplom.hu

El Lunes de Pascua de 1951, la policía secreta húngara arrestó a los monjes paulinos de la iglesia rupestre, asesinaron al prior Ferenc Vezér y condenaron al resto a largos periodos de prisión. A continuación, la iglesia fue tapiada y olvidada hasta agosto de 1989. Este sorprendente lugar de culto, excavado en la ladera de la colina Gellért, fue fundado por los monjes de la orden paulina tras su visita a Lourdes, Francia, en 1926. La orden ha recuperado de nuevo la iglesia, que permanece cerrada al público durante los servicios religiosos.

① Balneario Gellért

Construido en 1918, es el más conocido y lujoso de Budapest. Dispone de una maravillosa piscina central con galerías, columnas y vidrieras, además de baños termales más tradicionales. En verano, suele haber muchos pensionistas en las piscinas al aire libre de la parte trasera, donde pasan el día jugando al ajedrez. Aunque el balneario está unido al hotel Gellért, la entrada se encuentra en una calle lateral *(ver pp. 20-21)*.

② Monumento a la Reina Isabel

PLANO J5

Aunque la esposa del emperador Habsburgo, Franz József, no era húngara de nacimiento, adoraba a sus súbditos de adopción y realizó grandes esfuerzos por suavizar la postura de Austria hacia Hungría. Existen varias calles, puentes y monumentos del país que llevan su nombre. El monumento dedicado a Isabel (Erzsébet), que domina el Danubio desde el muro de contención de

Fachada de la iglesia rupestre

Armas en la ciudadela

⑤ Ciudadela
PLANO J-K6

Construida para intimidar a los ciudadanos de Budapest tras el levantamiento fallido de 1848-1849, nunca se llegó a utilizar para su propósito original –impedir nuevas revueltas–, ya que los húngaros buscaron la independencia por medios más pacíficos. Aunque el país alcanzó una independencia parcial gracias al acuerdo de monarquía dual de 1867, las fuerzas austriacas permanecieron aquí hasta 1897. El edificio se está reformando actualmente para mejorar la experiencia del visitante, pero sus miradores siguen siendo accesibles y ofrecen magníficas vistas de la ciudad.

⑥ Monumento a la Liberación
PLANO K6

Este imponente cenotafio, uno de los emblemas más visibles de Budapest, se eleva sobre la cercana ciudadela. Fue esculpido por Zsigmond Kisfaludi Stróbl e inaugurado en 1947 para conmemorar la liberación de Budapest por las fuerzas soviéticas. La inscripción del pedestal rendía homenaje al ejército rojo, pero fue sustituida en 1992 y hoy recuerda

Monumento a la Liberación

> **EL OBISPO GELLÉRT**
>
> En el siglo XI, durante una revuelta pagana, el obispo Gellért fue lanzado por la colina en un barril sellado. Para recibir el perdón de Dios, los ciudadanos de Budapest decidieron dedicarle la colina un siglo más tarde. El obispo, de origen italiano, había sido invitado a Hungría para ayudar al recién bautizado san Esteban (István) a difundir el cristianismo por la región. Se piensa que el hermano de Esteban, el príncipe Vata, tuvo algo que ver en el martirio. Hoy, el obispo es venerado como santo patrón de Budapest.

a todos los que "dieron su vida por la prosperidad de Hungría". Originalmente había al pie del monumento una escultura de 6 m de altura de un soldado soviético con ametralladora, uno de los puños cerrados y el otro ondeando una bandera, pero fue eliminado finalmente y reubicado en el parque Memento (ver p. 102).

⑦ Iglesia parroquial de Tabán
PLANO J4 » **I, Attila út 11**
▪ **06 1 375 54 91**

Es lo único que se conserva del antiguo barrio de Tabán. Coronada por una torre neobarroca, fue construida entre 1728 y 1736 sobre el emplazamiento de una iglesia anterior, que había sido convertida en mezquita y más tarde destruida en la batalla para derrocar al imperio otomano. En su interior, se guarda una copia del *Cristo de Tabán*, del siglo XII. El original se encuentra en el Museo del Castillo (ver p. 69).

⑧ Monumento a Gellért
PLANO J5

Cuenta la leyenda que el obispo Gellért, santo patrón de la ciudad,

fue arrojado por la colina que hoy lleva su nombre por intentar convertir al cristianismo a los ciudadanos de Budapest, incluido el joven príncipe Imre, hijo de Esteban I (István). Construido en 1904, el monumento muestra un aspecto algo deteriorado, aunque sigue luciendo su majestuosidad original. Resulta especialmente llamativo por la noche, cuando recibe una magnífica iluminación. La estatua y la columnata neoclásica fueron diseñadas por Gyula Jankovits e Imre Francsek.

Vista de la plaza de Miklós Ybl

⑨ Plaza de Miklós Ybl
PLANO J4 ◼ I, Ybl Miklós tér

Miklós Ybl, de quien se dice que es el mejor arquitecto de Hungría por joyas como la basílica de San Esteban *(ver pp. 16-17)*, es recordado con una estatua conmemorativa en una plaza que lleva su nombre. Fue diseñada por Ede Mayer y erigida en 1894, tres años después de la muerte de Ybl.

⑩ Tabán
PLANO H4

Queda poco del carácter original de Tabán, ya que las calles y bares de la ladera norte de la colina Gellért se demolieron en 1910 para dejar sitio a terrazas panorámicas, jardines y edificios secesionistas. Fue una de las primeras zonas habitadas de Buda: el celta Eravi se asentó aquí en el año 1000 a. C. Más tarde, los romanos construyeron una torre vigía y en el siglo XVI los turcos levantaron los baños Rác. En el siglo XVII, era el hogar de refugiados serbios, griegos y romaníes. Hoy constituye un popular escenario para conciertos de verano, y en invierno la ladera resulta perfecta para lanzarse en trineo.

UN DÍA EN GELLÉRT Y TABÁN

▶ **MAÑANA**

Se puede comenzar el día con un café y un desayuno ligero en la terraza del **Gellért Eszpresszó** *(ver p. 21)* en el hotel Gellért, para luego doblar la esquina hacia el **hotel y balneario Gellért** *(ver pp. 20-21)*. Conviene resistir la tentación de permanecer todo el día en sus diversos baños y piscinas. A la salida, llega el momento de enfrentarse a la **colina Gellért** *(ver p. 78)* y subir hasta la **ciudadela**. Tras disfrutar de las vistas desde la muralla, se puede almorzar en **Búsuló Juhász Étterem** *(ver p. 79)*.

TARDE

Después de comer, se desciende hacia el sur hasta la **iglesia rupestre** *(ver p. 75)*, un templo tallado en la roca de la colina. Desde aquí, se continúa bajando hasta la plaza de Gellért y se prosigue hacia el norte por el muro de contención en el tranvía n° 19, hasta la **plaza de Miklós Ybl**. Un corto paseo hacia el oeste conduce hasta el barrio de **Tabán**, donde se encuentran multitud de edificios secesionistas. Se puede deambular por las terrazas y jardines. La **iglesia parroquial de Tabán**, junto a Attila út, es uno de los escasos edificios que se conservan del antiguo barrio de Tabán. Al norte se encuentra el fascinante **Museo de Historia Médica Semmelweis** *(ver p. 78)*. Se puede terminar el día disfrutando de un dulce clásico y una taza de café en **Asztalka** *(ver p. 79)*, en Dobrentei utca.

Ver plano en p. 74 ◀

Y además...

1 Reserva Natural de la Colina Sas

PLANO N2 ■ XI, Tájék utca 26 ■ 06 1 200 11 68 ■ Los horarios varían, consultar web ■ Se cobra entrada ■ www.dunaipoly.hu

Una pequeña reserva con un centro de interpretación que informa sobre plantas, insectos y reptiles raros de la zona, entre ellos el lagarto de Panonia.

2 Colina Gellért

PLANO J6

Las vistas, especialmente de las terrazas bajo la ciudadela, se cuentan entre las mejores de la ciudad.

3 Museo de Historia Médica Semmelweis

PLANO J4 ■ I, Apród utca 1-3 ■ 06 1 375 54 91 ■ Horario: 10.00-18.00 ma-do ■ Se cobra entrada ■ www.semmelweis museum.hu

La casa del doctor Ignáz Semmelweis (1818-1865) acoge una exposición con medicinas desde el antiguo Egipto.

4 Iglesia cisterciense de San Imre

PLANO B6 ■ XI, Villányi út 25 ■ 06 1 611 01 07

Esta iglesia neobarroca de 1938 conserva reliquias de san Imre, patrón del Císter.

5 Puente de la Libertad

PLANO L6

Construido entre 1894 y 1899, llevaba en origen el nombre del emperador Franz József *(ver p.47)*.

6 Universidad de Tecnología y Economía

PLANO C6 ■ XI, Műegyetem rakpart 3 ■ 06 1 463 11 11 ■ www.bme.hu

La mayor institución académica de Hungría se inauguró en 1904. Uno de sus alumnos fue Ernő Rubik, el inventor del cubo de Rubik®.

7 Centro de Congresos de Budapest

PLANO A5 ■ XII, Jagelló út 1-3 ■ 06 1 372 54 00 ■ www.bcc.hu

Inaugurado en 1975, este complejo alberga el hotel Novotel Budapest y salas de conferencias. Celebra conciertos y exposiciones importantes.

8 Antigua Embajada sueca

PLANO K6 ■ XI, Minerva utca 3

En este edificio el diplomático sueco Raoul Wallenberg salvó a miles de prisioneros judíos de los campos de exterminio nazis. El monumento que le recuerda se encuentra cerca.

9 Edificio Virág Benedek

PLANO J4 ■ Apród utca 10 ■ 06 1 201 70 93 ■ Horario: 14.00-18.00 mi, vi y sá, 11.00-18.00 do ■ www. museum.hu

Es el único edificio que queda de la vieja zona Tabán, que quedó destruida en un incendio en 1810. Acoge exposiciones temporales que suelen girar en torno a la historia de la zona.

10 Balneario Rudas

El lujoso balneario Rudas *(ver p. 49)*, cubierto por una cúpula de estilo turco, es uno de los más antiguos de la ciudad, pues data aproximadamente de 1550.

Puente de la Libertad

Restaurantes, bares y cafés

PRECIOS

Una comida de tres platos con media botella de vino (o equivalente), servicio e impuestos incluidos.

F menos de 5.000 Ft **FF** 5.000-10.000 Ft
FFF más de 10.000 Ft

1 Búsuló Juhász Étterem
PLANO B6 ▪ XI, Kelenhegyi út 58 ▪ 06 209 16 49 ▪ Horario: 12.00-23.00 todos los días ▪ www.busulojuhasz.hu ▪ **FFF**

Este restaurante tradicional húngaro se encuentra en las fabulosas laderas del Gellért Hill. Su especialidad es la carne de caza *(ver p. 55)*.

2 Marcello
PLANO C6 ▪ XI, Bartók Béla út 40 ▪ Horario: 11.30-22.00 lu-mi, 11.30-23.00 ju-sá, 12.00-22.00 do ▪ www.marcelloetterem.hu ▪ **FF**

Pizzería que sirve deliciosas pizzas finas y crujientes a precios bajos.

3 La Nube
PLANO C6 ▪ XI, Bartók Béla út 41 ▪ Horario: 16.30-23.00 lu-vi,12.30-23.00 sá y do ▪ www.lanubecafe.com ▪ **FF**

Bar de tapas y vinos que sirve enormes bandejas de quesos de primera, embutidos y marisco. También hay muchas opciones para veganos.

4 Zileat Brunch & Bistro
PLANO J4 ▪ I, Döbrentei utca 22 ▪ Horario: 8.30-21.00 todos los días ▪ www.zileat.hu ▪ **F**

Aquí se sirve una fabulosa variedad de platos de *brunch* junto con tartas caseras en un ambiente luminoso y colorido.

Pasteles en Asztalka

5 Szeged Étterem
PLANO C6 ▪ XI, Bartók Béla út 1 ▪ 06 1 209 16 68 ▪ Horario: 12.00-23.00 todos los días ▪ **FF**

Restaurante húngaro junto al hotel Gellért. La comida es muy buena. La especialidad es el pescado de río.

6 János Étterem
PLANO A5 ▪ XI, Hegyalja út 23 ▪ 06 1 202 34 14 ▪ Horario: 12.00-23.30 todos los días ▪ **FFF**

Restaurante muy bueno situado en un hotel. La comida es predominantemente húngara.

El elegante comedor del Palack Bobar

7 Palack Borbar
PLANO K6 ▪ XI, Szent Gellért tér 3 ▪ Horario: 12.00-24.00 ma-sá, 12.00-22.00 do y lu ▪ www.palackborbar.hu ▪ **FF**

Vinos estupendos y sabrosas tartas caseras y una mezcla especial de café.

8 Hemingway Étterem
PLANO P2 ▪ XI, Kosztolányi Dezső tér 2 ▪ 06 1 381 05 22 ▪ Horario: 12.00-24.00 lu-sá, 12.00-16.00 do ▪ www.hemingway-etterem.hu ▪ **FF**

Este restaurante es ideal para escapar del bullicio de la ciudad con un mojito o un puro en esta magnífica marisquería.

9 Asztalka
PLANO J4 ▪ I, Döbrentei utca 15 ▪ 06 20 581 33 99 ▪ Horario: 11.00-18.00 mi-vi, 11.00-19.00 sá y do ▪ **F**

Este pequeño y concurrido café ofrece una selección de cafés *gourmet*. La selección de pasteles cambia a diario.

10 Déryné Bisztró
PLANO G3 ▪ I, Krisztina tér 3 ▪ 06 1 225 14 07 ▪ Los horarios varían, consultar web ▪ www.deryne.com ▪ **FF**

Popular entre los residentes, suele llenarse los fines de semana para el *brunch*.

Ver plano en p. 74

TOP 10 Alrededores del Parlamento

El castillo de Buda disfruta de una magnífica ubicación sobre la colina del Castillo, pero el principal monumento de la ciudad sigue siendo el edificio del Parlamento. La zona que rodea el Parlamento rezuma historia y poder, con sus grandes plazas, anchas avenidas y arquitectura secesionista. Este barrio alberga varias de las construcciones más importantes de la ciudad, como la basílica de San Esteban y la Ópera Nacional de Hungría. Asimismo, acoge algunos de los mejores restaurantes de Budapest.

KOSSUTH

Monumento a Lajos Kossuth en la plaza de Kossuth Lajos

ALREDEDORES DEL PARLAMENTO

Margit híd
Puente de Margarita

250 metros

JÁSZAI MARI TÉR

TATRA U. PANNÓNIA U.

SZENT ISTVÁN KÖRÚT

HEGEDŰ GYULA U.

KATONA JÓZSEF U.

VÁCI ÚT

KÁDÁR U.

ID. ANTALL JÓZSEF RAKPART

BALASSI BÁLINT U.

FALK MIKSA U.

HONVÉD U.

BALATON U.

STOLLÁR B. U.

BIHARI J. U.

NYUGATI TÉR

NYUGATI pályaudvar

MARKÓ U.

SZALAY U.

BAJCSY-ZSILINSZKY ÚT

PODMANICZKY U.

SZOBI U. SZONDI U. CSENGERY U.

TERÉZ KÖRÚT

EÖTVÖS U. ARADI U.

VAJKAY U.

HONVÉD U.

KOZMA F. U.

ALKOTMÁNY U.

LIPÓTVÁROS

WEINER LEÓ U.

LOVAG U.

JÓKAI U.

VI

Kossuth Lajos tér

BÁTHORY U.

AULICH U.

HOLD U.

VADÁSZ U.

NAGYMEZŐ U.

TERÉZVÁROS

Oktogon

GARIBALDI U.

ZOLTÁN U.

NÁDOR U.

SZABADSÁG TÉR PLAZA DE LA LIBERTAD

DESSEWFFY U.

MOZSÁR U.

JÓKAI TÉR

STEINDL IMRE U.

V

ZICHY JENŐ U.

LISZT F. TÉR

AKÁDEMIA U.

SZÉCHENYI U.

BANK U.

Ó U.

PAULAY EDE U.

ID. ANTALL JÓZSEF RAKPART

ARANY JÁNOS U.

Arany J.u.

LÁZÁR U.

Opera

AKÁCFA U.

VIGYÁZÓ F. U.

OKTÓBER 6. U.

SAS U.

SZENT ISTVÁN TÉR

RÉVAY U.

ANDRÁSSY ÚT

KIRÁLY U.

KIS DIÓFA U. DOB U. KLAUZÁL TÉR

ZRÍNYI U.

Bajcsy-Zs. út

KÁLDY GYULA U.

KAZINCZY U.

Széchenyi lánchíd Puente de las Cadenas

EÖTVÖS TÉR

MÉRLEG U.

JÓZSEF ATTILA U.

JÓZSEF NÁDOR TÉR

ERZSÉBET TÉR

Deák Ferenc tér

750 metros

1 Imprescindible *ver pp. 81-83*	
1 Restaurantes *ver p. 85*	
1 Cafés y *pubs* *ver p. 84*	

0 metros 500

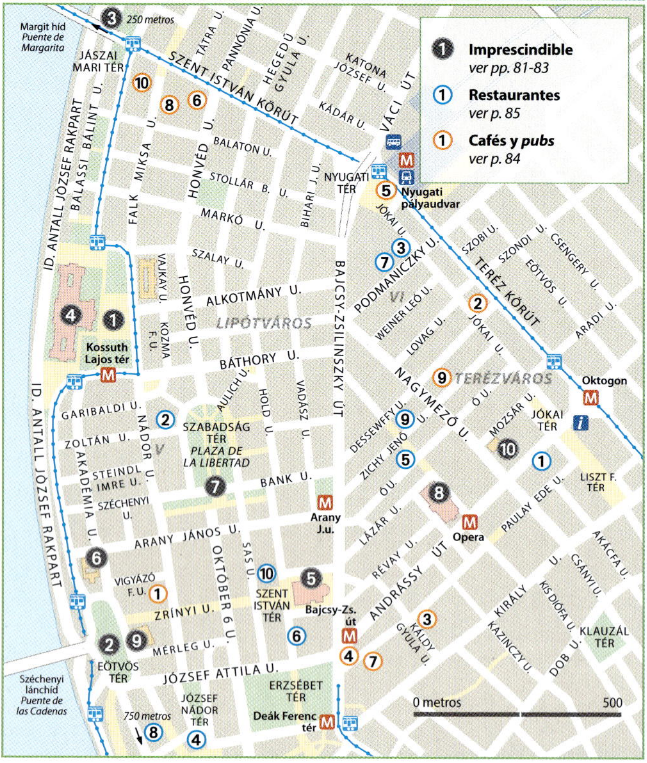

1 Plaza de Kossuth Lajos
PLANO K1 ▪ **V, Kossuth Lajos tér**

La plaza más elegante de Budapest está completamente rodeada por espléndidos edificios. Se construyó a finales del siglo XIX, después de la unificación de Buda y Pest. La plaza lleva el nombre de Lajos Kossuth, que lideró el levantamiento de 1848-1849 contra los Habsburgo y se convirtió en miembro del primer Gobierno democrático de Hungría. Se exilió en 1849, después de que el levantamiento fuera reprimido. Un monumento frente al Parlamento recuerda el levantamiento. Opuesto a él se alza otro monumento que rinde homenaje a Ferenc II Rákóczi, líder de la revuelta de 1703 contra el dominio austriaco. Muy cerca se encuentra también el monumento a Imre Nagy, primer ministro y líder de la revuelta de 1956 contra la Unión Soviética.

2 Plaza de Széchenyi István
PLANO K3 ▪ **V, Széchenyi István tér**

Esta plaza ha recibido varios nombres: primero fue la plaza de la Descarga, luego se cambió por el de plaza de Franz József para conmemorar la coronación. Entre 1947 y 2011 recibió el nombre del presidente estadounidense Franklin D. Roosevelt y hoy lleva el nombre del fundador de la Academia de las Ciencias. Alberga varios hoteles elegantes, incluido el palacio Gresham *(ver p. 83)*.

3 Isla Margarita
PLANO B1

Esta isla *(ver pp. 22-23)* habitada ya en tiempo de los romanos es un oasis de tranquilidad en mitad del Danubio y un hermoso espacio verde abierto al público desde 1869. Sus 3 km de longitud sirvieron de popular coto de caza a los reyes medievales, mientras que los monjes se vieron atraídos por su sosegado entorno. Hoy sigue siendo un lugar para una escapada perfecta después de visitar la bulliciosa ciudad.

La exuberante vegetación de Isla Margarita

4 Parlamento húngaro

Construido en 1902, el edificio del Parlamento de Hungría *(ver pp. 12-15)* continúa siendo el principal motivo de orgullo de la ciudad. Fue diseñado por Imre Steindl, el profesor de la Universidad de Tecnología y Economía de Budapest que ganó el concurso público organizado para encontrar arquitecto para el edificio. Inspirada en el palacio de Westminster (Londres), esta magnífica construcción está repleta de cuadros, frescos y tapices de importantes artistas húngaros. El interior solo se puede ver en una visita guiada cuando no hay sesión parlamentaria.

Edificio del Parlamento de Hungría

La impresionante y colorida nave de la basílica de San Esteban

5 Basílica de San Esteban

La cúpula de la basílica de San Esteban, que se contempla desde toda la ciudad, posee la misma altura que la del Parlamento. La construcción de la basílica comenzó en 1851, pero su finalización se retrasó después de que la cúpula original se derrumbara en 1868; finalmente se terminó en 1905. Hoy, es uno de los lugares de mayor importancia religiosa de la ciudad, ya que custodia la mano derecha momificada de san Esteban (István).

6 Academia de las Ciencias

PLANO K2 ▪ **V, Széchenyi István tér 9** ▪ **06 1 411 64 89** ▪ **Horario: 9.00-16.00 lu-vi** ▪ **www.mta.hu**

La Academia de las Ciencias, inaugurada en 1864, es una pieza clásica de la arquitectura neorrenacentista diseñada por Friedrich Stüler. Las estatuas de la fachada, incluidas las de Isaac Newton y René Descartes, son obra de Miklós Izsó y Emil Wolff; en el interior hay más estatuas de Izsó.

7 Plaza de la Libertad

PLANO K2 ▪ **V, Szabadság tér**

Construida en 1886 sobre el solar de los barracones que albergaron al ejército austriaco, la plaza de la Libertad ha sido durante mucho tiempo símbolo de la lucha de Hungría por la libertad. El primer ministro que inauguró la independencia húngara, el conde Batthyány, fue ejecutado en los barracones el 6 de octubre de 1849. La plaza acogió también las protestas de 1956 contra la Unión Soviética. Una llama votiva en la intersección de Aulich utca y Hold utca rinde homenaje a Batthyány.

8 Ópera Nacional de Hungría

Es una de las mejores salas de conciertos de Europa. La mejor forma de visitarla consiste en asistir a una representación. Casi todas las noches acoge óperas y ballet de categoría internacional; las entradas tienen un precio razonable *(ver pp. 32-33)*.

Ópera Nacional de Hungría

SIR THOMAS GRESHAM

Aunque uno de los edificios más hermosos de la ciudad lleva su nombre, sir Thomas Gresham *(abajo)* nunca estuvo en Budapest. El palacio Gresham fue encargado más de 300 años después de su muerte por la compañía de seguros que él creó. Gresham es recordado por su máxima más famosa: "el dinero malo saca de circulación al bueno".

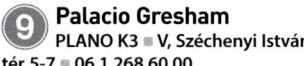

9 Palacio Gresham

PLANO K3 ▪ V, Széchenyi István tér 5-7 ▪ 06 1 268 60 00
▪ Horario: 24 horas todos los días
▪ www.fourseasons.com/budapest

Diseñado por Zsigmond Quittner y los hermanos József y Lászlo Vágó en 1907, el palacio Gresham disfruta de una de las mejores ubicaciones de Budapest frente al puente de las Cadenas. Se trata de un imponente edificio con varios elementos secesionistas, como las vidrieras o el elevado atrio y la araña de luces. Hoy es el hotel Four Seasons *(ver p. 116)*.

10 Teatro de la Opereta

PLANO M2 ▪ VI, Nagymező utca 17 ▪ 06 1 472 20 30
▪ Solo visitas con cita
▪ www.operett.hu

En este teatro se han representado operetas desde 1898, año en que se inauguró como teatro Orfeum. Ideado por los arquitectos vieneses Fellner y Helmer, fue remodelado y rebautizado como teatro de la Opereta en 1923 para este floreciente género. Fue de nuevo reformado en 1999-2001, pero el interior se mantuvo fiel al diseño original.

UN DÍA EN LOS ALREDEDORES DEL PARLAMENTO

▶ MAÑANA

Empiece tomando un sándwich o alguno de los excelentes dulces del café **Szamos Today** (Kossuth Lajos tér 10; 06 269 02 16; horario: 7.30-19.00 todos los días), junto a la estación de metro Kossuth Lajos tér. Después, atraviese paseando la **plaza de Kossuth Lajos** *(ver p. 81)* hasta el **Parlamento húngaro** *(ver pp. 12-15)*. La única forma de ver el edificio pasa por sumarse a una visita guiada. A continuación, se pasea por el panorámico muro de contención del Danubio hasta la plaza de Széchenyi István en un extremo del **puente de las Cadenas** *(ver p. 47)*. Se puede tomar una comida ligera en la terraza del **Four Seasons Hotel Gresham Palace**.

TARDE

Después de almorzar, se puede continuar por **Zrinyi utca**, una de las principales calles residenciales de Budapest, famosa por sus hermosos edificios de estilo secesionista, hasta la magnífica **basílica de San Esteban** *(ver pp. 16-17)*, en la plaza de San Esteban. Subiendo las escaleras hasta la cúpula del templo, se disfruta de unas espléndidas vistas. Luego se sigue hacia la **Ópera Nacional de Hungría** *(ver pp. 32-33)* para incorporarse a una de las visitas guiadas diarias a las 15.00 y 16.00. Se toma una cena temprana en el popular **Klassz** *(ver p. 85)* antes de prepararse para una noche en la ópera. Tomar algo en el cercano **Boutiq'Bar** *(ver p. 84)* da fin al día.

Ver plano en p. 80 →

Cafés y *pubs*

① Ötkert
PLANO K2 ▪ V, Zrínyi utca 4
▪ 06 1 330 86 52 ▪ Horario: 12.00-
24.00 do-ma, 12.00-16.00 mi y ju,
12.00-17.00 vi y sá

Este bar de diseño *(ver p. 56)* se
inspira en los bares ruinosos típicos
del distrito siete.

Patio en Ötkert

② La Delizia
PLANO M1 ▪ Jókai utca 13 ▪ 06
30 641 52 06 ▪ Horario: 10.00-20.00 lu-sá

Esta pequeña tienda y café vende
galletas caseras y postres saluda-
bles sin azúcar, lactosa ni gluten.

③ Desszert.Neked
PLANO M2 ▪ Paulay Ede utca
17 ▪ 0620 253 15 19 ▪ Horario: 11.00-
21.00 lu-vi, 10.00-21.00 sá, do

Ofrece pastas francesas y húngaras.
Muchas recetas locales famosas
adquieren un toque moderno.

④ Vakegér Tőzsdekocsma
PLANO M2 ▪ VI, Paulay Ede
utca 2 ▪ 06 70 333 96 33 ▪ Horario:
18.00-2.00 do-ju, 6.00-17.00 vi-sá

En este "Pub de la Bolsa del Ratón
Ciego" los precios suben y bajan

según la frecuencia con que se
pida cada bebida.

⑤ The Box Donut
PLANO L1 ▪ Teréz körút 62
▪ Horario: 7.42-20.08 lu-sá, 9.42-20.08 do

Este lugar sirve rosquillas cuadradas
caseras con 25 sabores, además
de café y sándwiches.

⑥ Európa Kávéház
PLANO C2 ▪ Szent István Krt
7-9 ▪ 06 1 312 23 62 ▪ Horario: 7.00-
20.00 todos los días

Café clásico que sirve pastas,
pasteles y, al menos, ocho
variedades de chocolate caliente.

⑦ Boutiq'Bar
PLANO L3 ▪ VI, Paulay Ede utca
5 ▪ 0630 229 18 21 ▪ Horario: 18.00-
tarde ma-sá

Boutiq'Bar *(ver p. 57)* se llena a partir
de las 21.00, gracias a sus excelentes cócteles elaborados por expertos
camareros.

⑧ Tóth Kocsma
PLANO C2 ▪ V, Falk Miksa utca
17 ▪ 06 1 302 64 42 ▪ Horario: 15.00-
24.00 lu-vi (desde 17.00 sá)

El típico *pub* de Budapest *(ver p. 56)*.
Obligatorio si quiere tomar una pinta
de *palinka* con la población local.
Pruebe la sidra de flor de saúco.

⑨ AlterEgo
PLANO C3 ▪ VI, Dessewffy utca
33 ▪ Horario: 22.00-5.00 vi y sá
▪ www.alteregoclub.hu

En el local LGTBIQ+ más importante
de Budapest *(ver p. 56)* se oyen éxitos
clásicos del pop y acoge a todo el
mundo. Los espectáculos *drag* son
enormemente populares.

⑩ Tokaji Borozó
PLANO C3 ▪ V, Falk Miksa utca
32 ▪ 06 1 269 31 43 ▪ Horario: 13.00-
23.00 lu-vi

Bodega húngara especializada en
vinos dulces para postre de la marca
Tokaji.

Restaurantes

PRECIOS

Una comida de tres platos con media botella de vino (o equivalente), servicio e impuestos incluidos.

....

F menos de 5.000 Ft **FF** 5.000-10.000 Ft
FFF más de 10.000 Ft

1 Klassz
PLANO M2 ▪ VI, Andrássy út 41 ▪ Horario: 11.30-23.00 todos los días ▪ FF

Bistró moderno. Comida internacional a base de ingredientes locales y excelentes vinos. No se reserva.

2 Iguana
PLANO K2 ▪ V, Zoltán utca 16 ▪ 06 1 331 43 52 ▪ Horario: 11.30-24.30 todos los días ▪ FF

Excelente carta *tex-mex*. Las fajitas, las tortillas y los burritos se sirven en grandes raciones.

3 Ape Regina Restaurant & Bar
PLANO L1 ▪ Podmaniczky utca 18 ▪ 0630 779 75 45 ▪ Horario: 12.00-24.00 todos los días ▪ FF

Restaurante italiano bufé, sin límite de comida. Algunas bebidas están incluidas en el precio fijo.

4 Onyx Restaurant
PLANO K3 ▪ V, Vörösmarty tér 7-8 ▪ 0630 508 06 22 ▪ Horario: 12.00-2.30 y 18.30-23.00 ma-vi, 18.30-23.00 sá ▪ www.onyxrestaurant.hu ▪ FFF

Un local *(ver p. 54)* donde disfrutar de la alta cocina sin tener que gastar una fortuna.

5 Imázs Restaurant
PLANO L2 ▪ 1065, Hajós utca 16-18 ▪ 06 1 269 32 63 ▪ Abierto todos los días ▪ FF

En el corazón de Budapest. Sirve buena cocina *thai* y japonesa.

6 Stradivari Restaurant
PLANO L3 ▪ Hercegprímás utca 5 ▪ 0630 438 88 24 ▪ FFF

Este restaurante en el hotel Aria ofrece cenas estilo bistró. Después,

tome una copa en el High Note SkyBar, mientras contempla la ciudad.

7 Sir Lancelot
PLANO C3 ▪ VI, Podmaniczky utca 14 ▪ 06 1 302 44 56 ▪ Horario: 12.00-1.00 ▪ FF

En este restaurante temático se sirven enormes raciones de platos medievales, como codillos y pollos enteros.

8 Kollázs
PLANO K3 ▪ V, Széchenyi István tér 5-6 ▪ 06 268 51 84 ▪ Horario: 18.30-1.00 todos los días ▪ FF

En Kollázs *(ver p. 55)* se pueden degustar platos ingeniosos y con inventiva o delicias más sencillas.

El elegante interior de Kollázs

9 Drop Glutenfree Restaurant
PLANO L3 ▪ VI, Hajós u. 27 ▪ 06 1 235 04 68 ▪ Horario: 7.30-24.00 ▪ FF

Una carta amplia sin gluten, ni lactosa, junto con una estupenda selección de bebida hacen de este restaurante uno de los predilectos.

10 Café Kör
PLANO L3 ▪ V, Sas utca 17 ▪ 06 1 311 00 53 ▪ Horario: 10.00-22.00 lu-sá ▪ FF

La clientela acude a este local atraída por sus comidas ligeras, buenas bebidas y estupendo ambiente. No acepta tarjetas de crédito.

Ver plano en p. 80 →

TOP 10 Centro de Pest

La mayoría de los visitantes de Budapest acude directamente a esta zona, conocida como Belváros o Ciudad Interior. Es el centro comercial de Budapest y está lleno de hermosas construcciones, tiendas y cafés. El barrio quedó en ruinas a finales del siglo XVII y no se restauró hasta el siglo XIX, cuando se construyó gran parte de los edificios más importantes de Pest, incluido el Museo Nacional de Hungría. En la actualidad, muchas de sus calles y plazas son peatonales, lo que ha convertido la zona en un lugar ideal para pasear, comprar o tomar algo. De hecho, durante el verano, el extremo sur de la calle Váci se convierte en una sucesión interminable de cafés y *pubs*.

Objeto del Museo Nacional de Hungría

CENTRO DE PEST

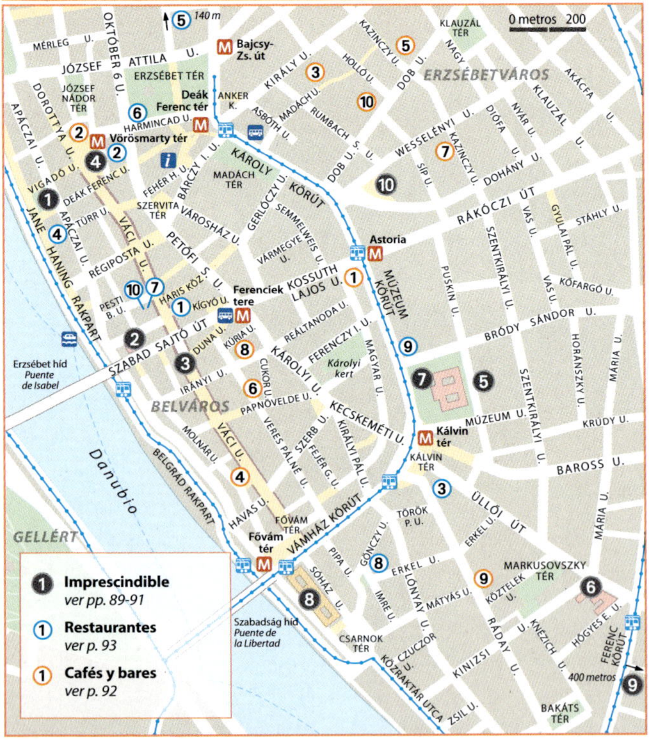

(mapa)

1 **Imprescindible**
ver pp. 89-91

1 **Restaurantes**
ver p. 93

1 **Cafés y bares**
ver p. 92

Páginas anteriores Bastión de los Pescadores

1 Plaza de Vigadó
PLANO K4 ▪ V, Vigadó tér

La plaza de Vigadó, situada frente al Danubio, es uno de los lugares más tranquilos de Budapest. Está dominada por la sala de conciertos Vigadó. Este auditorio, diseñado por Frigyes Feszl y erigido entre 1859 y 1864, sustituyó a una sala anterior que fue destruida durante el levantamiento de 1848-1849. La fachada es una maravilla con ventanas arqueadas, estatuas y bustos. En el centro se encuentra un escudo de armas. Dañado en la Segunda Guerra Mundial, las reformas han devuelto al edificio su antigua gloria. Frente a la sala se alza el hotel Budapest Marriott *(ver p. 116)*, construido en estilo modernista en 1969. Los muelles situados en la plaza sirven de punto de embarque para los paseos por el río Danubio.

2 Iglesia parroquial del centro
PLANO K4 ▪ V, Március 15 tér 2 ▪ 06 1 318 31 08 ▪ Horario: 9.00-19.00 todos los días

La iglesia más antigua de Pest atesora una historia larga y variada. Los tártaros arrasaron la estructura original de estilo romano y su sustituto del siglo XIV fue transformado en mezquita por los turcos. Estuvo a punto de ser destruida de nuevo tras la II Guerra

Iglesia parroquial del centro

Mundial, ya que los constructores del puente de Isabel quisieron demolerla para conseguir espacio. Por suerte, se salvó en el último momento, pero la proximidad de la carretera recuerda el peligro que corrió.

La calle Váci, peatonalizada

3 La calle Váci

La calle Váci *(ver pp. 18-19)*, una de las calles más antiguas de Pest, conducía originalmente a la ciudad de Vác *(ver p. 65)*. La calle prosperó al mismo tiempo que Pest y pronto se convirtió en una de las favoritas entre los habitantes adinerados de Budapest. Los almacenes de mercancías dejaron paso a las *boutiques* exclusivas y hoy es una de las zonas comerciales más populares de la ciudad. Su mitad norte está dominada por tiendas y centros comerciales. La mitad sur peatonal alberga algunos de los mejores cafés y locales nocturnos de la zona. La calle se ha vuelto cada vez más turística en las últimas décadas, pero ha conservado su aire más ecléctico.

4 Plaza de Vörösmarty
PLANO K3 ▪ V, Vörösmarty tér

Esta plaza lleva el nombre del poeta Mihály Vörösmarty, cuya estatua se alza en el centro. Concebida por Ede Telcs y construida con mármol, la estatua hace un llamamiento a la nación con las palabras del poeta: "A tu patria, Hungría, sirve inquebrantable". Al norte abre sus puertas Gerbeaud Cukrászda *(ver pp. 18 y 57)*, una famosa cafetería. También merece la pena visitar la estación de metro.

5 Plaza de Mihály Pollack
PLANO D5 ▪ V, Pollack Mihály tér

Esta plaza lleva el nombre del arquitecto de varios edificios neoclásicos. Es famosa por tres palacios: el del conde Károlyi en el n° 6, el del príncipe Eszterházy en el n° 8 y el del príncipe Festetics en el n° 10. Las fachadas de estas construcciones (de las cuales solo está abierto al público el palacio Festetics) convierten la plaza en un hermoso lugar.

6 Museo de Artes Aplicadas
PLANO D5 ▪ IX, Üllői út 33-7 ▪ 06 1 456 51 07 ▪ **Cerrado por reforma** ▪ www.imm.hu

La inauguración de este museo fue el colofón de las celebraciones del milenario de la ciudad en 1896. El edificio, construido para albergar la abundante colección de arte del Estado húngaro, fue concebido por Ödön Lechner y Gyula Pártos. Como muchos edificios secesionistas, incorpora

Cúpula del Museo de Artes Aplicadas

elementos inspirados en el arte y la arquitectura asiáticos, como las cúpulas verdes y el patio con tejado de cristal. El museo expone arte, artesanía y trajes regionales.

Museo Nacional de Hungría

7 Museo Nacional de Hungría

El Museo Nacional se fundó en 1802 y debe su existencia al conde Ferenc Széchenyi *(ver p. 35)*, que donó su colección de libros y arte a la nación. El edificio fue proyectado por Mihály Pollack y se terminó en 1845. En 1848, fue escenario de un acontecimiento histórico, cuando Sándor Petőfi recitó su poema *Nemzeti Dal* (Canción Nacional) desde los escalones, actó que inició simbólicamente el levantamiento de 1848-1849. El suceso se representa cada año. El museo cuenta con la mayor colección de arte y objetos del país *(ver pp. 34-35)*.

8 Universidad Corvinus de Budapest
PLANO L6 ▪ V, Fővám tér 8 ▪ 06 1 482 50 00

El edificio de esta universidad, una obra maestra renacentista, fue construido entre 1871 y 1874 para acoger la principal casa de aduanas de la ciudad. La fachada que mira al Danubio, diseñada por Miklós Ybl, está dividida en tres niveles: la columnata que soporta el balcón y dos hileras de ventanas en arco. La balaustrada soporta 10 figuras alegóricas esculpidas por August Sommer. El edificio se convirtió en Facultad de Economía en 1951, con el nombre de Karl Marx. En 2000 recibió su nombre actual.

⑨ Centro Conmemorativo del Holocausto

PLANO E6 ▪ IX, Páva utca 39 ▪ 06 1 455 33 33 ▪ Horario: 10.00-18.00 ma-do ▪ Se cobra entrada ▪ www.hdke.hu

Este centro se fundó tanto para recopilar y estudiar material relacionado con la historia del Holocausto, como para honrar a sus víctimas. La persecución y el sufrimiento de los judíos húngaros y la comunidad romaní durante el Holocausto se analizan a través de una exposición permanente, en la que se presta especial atención a la relación entre el Estado y sus ciudadanos. El centro también contiene un Muro de la Memoria de cristal de 8 m de altura en el que se espera que algún día se grabe el nombre de todas las víctimas húngaras del Holocausto. También hay una sinagoga restaurada, de 1924, que ahora alberga exposiciones temporales.

El Árbol de la Vida, Memorial del Holocausto, en la Gran Sinagoga

⑩ Gran Sinagoga

La mayor sinagoga de Europa. Fue construida por el arquitecto vienés Ludwig Förster en 1854-1859 y tiene capacidad para más de 3.000 personas *(ver pp. 36-37)*. Es sede del Museo Judío Húngaro *(ver p. 44)*, que recoge la historia de los judíos de la ciudad. En la parte trasera se encuentra el parque conmemorativo Raoul Wallenberg, donde está el Árbol de la Vida. Diseñado por Imre Varga, cada hoja de este sauce llorón de plata lleva el nombre de uno de los 600.000 judíos húngaros asesinados durante el Holocausto.

UN DÍA EN EL CENTRO DE BUDAPEST

▶ MAÑANA

Una taza de café en la terraza del **Budapest Marriott Hotel** *(ver p. 116)*, en la plaza de Vigadó, es una forma de empezar el día. El recorrido comienza caminando hacia el este hasta la **calle Váci** *(ver pp. 18-19)*, cuyo extremo norte está repleto de magníficos comercios, con puestos de recuerdos o tiendas de ropa de marca. Después, visite la iglesia más antigua de Pest, la **iglesia parroquial del centro** *(ver p. 89)*, al lado de Szabad Sajtó út, antes de disfrutar de un almuerzo en **Café Vu** en Mercure Budapest City Center.

TARDE

Después de comer, se puede tomar el metro desde Ferenciek tere hasta Astoria o caminar 10 minutos por la bulliciosa Kossuth Lajos utca hasta la **Gran Sinagoga**, en Dohány utca. Tras visitar el templo de inspiración bizantina y su excelente **Museo Judío Húngaro** *(ver p. 44)*, se puede contemplar el sobrio **Árbol de la Vida** en el **parque conmemorativo Raoul Wallenberg**, en el patio trasero de la sinagoga. A continuación, se recorre el resto del fascinante **barrio judío**, famoso por sus pequeñas tiendas de regalos y curiosas librerías, además de sinagogas menos ostentosas como las de Rumbach S utca y Kazinczy utca. Se puede acabar el día con una deliciosa cena *kosher* en el restaurante **Carmel Pince** (Kazinczy utca 31).

Ver plano en p. 88 ←

Cafés y bares

① Café Astoria
PLANO M4 ▪ V, Kossuth Lajos utca 19-21 ▪ 06 1 889 60 22 ▪ Horario: 7.00-23.00 todos los días

Café del Hotel Astoria que convierte una taza de café en una ocasión especial.

Suntuoso interior del Café Astoria

② Gerbeaud Cukrászda
PLANO K3 ▪ V, Vörösmarty tér 7 ▪ 06 429 90 00 ▪ Horario: 9.00-21.00 todos los días

La bonita decoración de las tartas complementa el interior del café más famoso de la ciudad *(ver p. 57)*.

③ Spíler BistroPub
PLANO M3 ▪ Király utca 13, Gozsdu udvar ▪ 06 1 878 13 09 ▪ Horario: 11.30-24.00 do-ju (hasta 1.00 vi y sá)

Son dos locales en el patio Gozsdu: Spíler Classic, un *gastropub* con elementos retro de la Hungría comunista, y Spíler Shangai, que se parece más a un bar clandestino.

④ 1000 Tea
PLANO L5 ▪ V, Váci utca 65 ▪ 06 1 337 82 17 ▪ Horario: 12.00-21.00 lu-sá ▪ www.1000tea.huo

Música suave y gran variedad de tés. El lugar perfecto para relajarse.

⑤ Kőleves (Stonesoup)
PLANO M3 ▪ VII, Kazinczy utca 37-41 ▪ Los horarios varían, consultar página web ▪ www.kolevesvendeglo.hu

Bar y restaurante con una fabulosa terraza popular entre las familias.

⑥ Good Spirit Bar
PLANO C5 ▪ V, Veres Pálné u. 7 ▪ Horario: 17.00-1.00 mi-sá ▪ www.goodspiritbar.hu

Seguramente es el único bar de Budapest con un inmenso surtido de whisky y cerveza embotellada. También cócteles con tentempiés.

⑦ Szimpla Kert
PLANO M3 ▪ VII, Kazinczy utca 14 ▪ Horario: 15.00-4.00 lu-ju, 12.00-4.00 vi-do ▪ www.szimpla.hu

Ubicado en un edificio de apartamentos, Szimpla Kerte *(ver p. 56)* es el mayor bar ruinoso con jardín del distrito siete.

⑧ Café Chloe
PLANO L4 ▪ V, Irányi utca 18 ▪ Horario: 10.00-19.30 mi-sá (hasta 17.00 do) ▪ www.chloecafe.hu

Una elegante cafetería y vinoteca con una gran variedad de champán servido por copas.

⑨ Paris, Texas
PLANO D5 ▪ IX, Ráday utca 22 ▪ 06 1 218 05 70 ▪ Horario: 17.00-2.00 todos los días

Un favorito entre los que les gusta tomarse algo de camino a casa. Sus whiskys de malta refuerzan el ambiente texano.

⑩ Doblo
PLANO M3 ▪ VII, Dob utca 20 ▪ 0620 398 88 63 ▪ Horario: 14.00-1.00 todos los días

Un elegante bar *(ver p. 56)* donde probar vinos de todo el mundo.

Clientes disfrutando en Doblo

Restaurantes

PRECIOS

Una comida de tres platos con media
botella de vino (o equivalente), servicio
e impuestos incluidos.

F menos de 5.000 Ft **FF** 5.000-10.000 Ft
FFF más de 10.000 Ft

1 Apostolok
PLANO L4 ■ **V, Kígyó utca 4-6**
■ **Horario: 11.30-23.30 todos los días**
■ **www.apostoloketterem.hu** ■ **FFF**

Este restaurante en el corazón de
la ciudad abrió como *pub* en 1902.
Sabores húngaros tradicionales.

2 Vapiano
PLANO C4 ■ **V, Vörösmarty tér 3**
■ **Horario: 11.00-23.00 lu-sá (hasta
21.00 do)** ■ **www.vapiano.hu** ■ **FFF**

Disfrute de las fabulosas vistas de la
plaza de Vörösmarty mientras
saborea deliciosa comida italiana.

3 Costes
PLANO M5 ■ **IX, Ráday utca 4**
■ **Horario: 18.30-24.00 mi-do**
■ **www.costes.hu** ■ **FFF**

Camareros con guantes blancos se
desplazan de mesa en mesa en este
elegante restaurante *(ver p. 54)* con
una estrella Michelin.

4 Restaurante DNB
PLANO C4 ■ **V, Duna korzó
(Hotel Marriott)** ■ **Horario: 6.30-23.00
todos los días** ■ **www.dnbbudapest.
com** ■ **FFF**

Este restaurante, que sigue el concepto "de la granja a la mesa",
sirve deliciosos platos de temporada
elaborados con ingredientes de origen local, como el filete de lomo de
jabalí. Es famoso su *brunch* de los
domingos.

5 Comme Chez Soi
PLANO K4 ■ **V. Aranykéz utca 2**
■ **Horario: 12.00-23.00 ma-sá**
■ **www.commechezsoi.hu** ■ **FFF**

El menú está basado en la cocina italiana. Hay que reservar con uno o dos
días de antelación, pero vale la pena.

6 Nobu
PLANO K3 ■ **V, Kempinski Hotel
Corvinus, Erzsébet tér 7-8** ■ **Horario:
12.00-15.00 y 18.00-23.45 todos los días**
■ **www.noburestaurants.com** ■ **FFF**

Famoso por su delicioso bar de sushi,
el lujoso Nobu atrae clientela de élite.

7 Kiosk Budapest
PLANO L4 ■ **V, Március 15 tér 4**
■ **Horario: 12.00-24.00 todos los días**
■ **www.kiosk-budapest.hu** ■ **FFF**

Antiguo almacén que se ha convertido en un bar y restaurante de moda
que sirve comida sencilla pero muy
bien presentada, incluida una de las
mejores hamburguesas de la ciudad.

Galería interior de Borbíróság

8 Borbíróság
PLANO M6 ■ **IX, Csarnoktér 5**
■ **06 1 219 09 02** ■ **Horario: 8.00-23.30
lu-sá** ■ **www.borbirosag.hu** ■ **FF**

La "corte del vino" tiene una temáti-
ca legal y una amplia oferta de vinos,
sobre todo húngaros.

**9 Múzeum Kávéház
és Étterem**
PLANO M4 ■ **VIII, Múzeum körút 12**
■ **06 1 338 42 21** ■ **Horario: 18.00-24.00
lu-sá** ■ **FFF**

Esta antigua cafetería de 1855 está
cerca del Museo Nacional y sirve
deliciosas especialidades húngaras.

10 Babel
PLANO L4 ■ **V, Piarista köz 2**
■ **Horario: 18.00-24.00 ma-sá**
■ **www.babel-budapest.hu** ■ **FFF**

Al pie del puente de Isabel, este
bistró-delicatessen ofrece platos con
ingredientes frescos y servicio atento.

Ver plano en p. 88

TOP 10 Alrededores del parque de la Ciudad

En torno al parque de la Ciudad (Városliget) se encuentran algunos de los edificios más hermosos y las avenidas más anchas de Budapest. Todo está construido con majestuosidad y a gran escala, desde los cafés y bistrós de Liszt Ferenc tér y las mansiones de las avenidas Andrássy y Városligeti, hasta el propio parque, frente al Monumento del Milenio. Acogió las celebraciones del milenario en 1896 *(ver p. 96)* y destacan el Museo de Bellas Artes y el castillo Vajdahunyad.

Detalle del Monumento del Milenio

ALREDEDORES DEL PARQUE DE LA CIUDAD

0 metros — 500

1	**Imprescindible** ver pp. 95-97	
①	**Restaurantes** ver p. 99	
①	**Cafés** y *pubs* ver p. 98	

① Museo de Bellas Artes

PLANO E2 ■ XIV, Hősök tere, Dózsa György út 41 ■ Horario: 10.00-18.00 ma-do ■ www.szepmuveszeti.hu ■ Se cobra entrada

La mayor colección de arte internacional de Hungría ocupa un edificio de 1906 diseñado por Fülöp Herzog y Albert Schikendanz. Incluye obras de Rafael, Velázquez y Goya, además de una colección de cuadros del Greco (ver pp. 26-29).

Piscinas, balneario Széchenyi

② Balneario Széchenyi

PLANO F2 ■ XIV, Állatkerti út 11 ■ 06 1 363 32 10 ■ Horario: piscina termal: 6.00-19.00 todos los días; piscina y baños de vapor: 6.00-22.00 todos los días ■ Se cobra entrada ■ www.szechenyibath.com

Széchenyi (ver p. 48), inaugurado en 1913, es un vasto complejo de piscinas cubiertas y al aire libre que incluye los baños termales más profundos y calientes de Hungría. Acude mucho público todo el año y aquí es donde se viene para disfrutar de un típico baño húngaro.

③ Avenida Andrássy

PLANO L2, M2

Andrássy, la avenida que une el parque de la Ciudad con el centro, es una de las calles más exclusivas de Budapest. Está jalonada por restaurantes, teatros y tiendas, además de por la Ópera Nacional (ver pp. 32-33). En el nº 22 está el palacio Drechsler, construido por los Ferrocarriles Húngaros en 1883 como apartamen-tos para su fondo de pensiones y que después se usó como Academia del Ballet de Hungría. En la actualidad el edificio está vacío, pero hay planes de convertirlo en un hotel de lujo. El Museo Casa del Terror (ver p. 97) está más abajo, en el nº 60. Bajo la avenida Andrássy discurre la línea 1 de metro, la más antigua de Hungría y la segunda más antigua del mundo. Fue declarado Patrimonio Mundial de la Humanidad por la Unesco en 2002.

④ Avenida Városligeti

PLANO E3

Esta avenida tranquila y arbolada ofrece un contrapunto a la más comercial avenida Andrássy. Alberga numerosas embajadas y hay dos importantes iglesias: una calvinista en el extremo sur y otra luterana hacia el parque de la Ciudad.

⑤ Plaza de los Héroes

PLANO E2 ■ Hősök tere

Se construyó en la década de 1890 y fue lugar central de las celebraciones del Milenario de Hungría en 1896 (para conmemorar los 1.000 años desde la conquista magiar de la cuenca de los Cárpatos). En el centro está el Monumento del Milenio de 36 m. Los jinetes al pie del monumento representan a los siete jefes de las siete tribus magiares que se establecieron en Hungría.

Monumento del Milenio, en la plaza de los Héroes

Pianos del Museo Franz Liszt

6 Museo Franz Liszt

PLANO D3 ▪ VI, Vörösmarty utca 35 ▪ 06 1 322 98 04 ▪ **Horario: 10.00-18.00 lu-vi, 9.00-17.00 sá** ▪ Se cobra entrada ▪ www.lisztmuseum.hu

Ferenc Liszt, más conocido por su nombre germánico Franz, es el compositor húngaro más famoso. Vivió aquí desde 1881 hasta su muerte en 1886. La casa se convirtió en 1986 en museo y permite adentrarse en la vida y obra de este músico extraordinario a través de pianos, muebles y manuscritos.

7 Castillo Vajdahunyad

PLANO F2 ▪ Museo de Agricultura: 06 1 422 07 65; 10.00-17.00 ma-do; se cobra entrada

En el centro del parque de la Ciudad se encuentra el increíble castillo Vajdahunyad, una combinación de estilos renacentista, gótico, barroco y románico concebido por Ignác Alpár para las celebraciones del milenario. La intención de Alpár era mostrar toda la evolución de la arquitectura húngara en un solo edificio. Cada sección representa a un edificio importante y en conjunto, el castillo evoca más de 20 construcciones famosas del país. El Museo de Agricultura, en la zona barroca, es la única parte del castillo abierta al público.

8 Műcsarnok (Kunsthalle)

PLANO E2 ▪ XIV, Hősök tere ▪ 06 1 460 70 00 ▪ **Horario: 10.00-18.00 ma-do; 12.00-20.00 ju** ▪ Se cobra entrada ▪ Acceso discapacitados ▪ www.mucsarnok.hu

Műcsarnok (literalmente "salón de arte"), situado frente al Museo de Bellas Artes, se finalizó en 1895. El edificio, dominado por un pórtico que descansa sobre seis columnas, fue diseñado por Fülöp Herzog y Albert Schikendanz. Acoge exposiciones temporales y conciertos.

Castillo Vajdahunyad

⑨ Museo Casa del Terror

PLANO D3 ▪ VI, Andrássy út 60
▪ 06 1 374 26 00 ▪ **Horario: 10.00-18.00 ma-do** ▪ Se cobra entrada
▪ www.terrorhaza.hu

Este edificio *(ver p. 45)* fue cuartel general de los fascistas de la Cruz Flechada antes y durante la Segunda Guerra Mundial y, después, de la policía secreta. Hay un tanque T54 utilizado para reprimir la revolución de 1956. En el sótano, se ha recreado una celda con el aspecto que tenía en la década de 1940.

Museo Casa del Terror

⑩ Zoo de Budapest

PLANO E2 ▪ XIV, Városliget, Állatkerti körút 6-12 ▪ 06 1 273 49 00
▪ **Horario: may-ago: 9.00-18.00 lu-vi, 9.00-19.00 sá y do; sep: 9.00-17.30 lu-vi, 9.00-18.00 sá y do; nov-feb: 9.00-16.00 todos los días; mar y oct: 9.00-17.00 lu-vi, 9.00-17.30 sá y do** ▪ Se cobra entrada ▪ www.zoobudapest.com

Fundado en 1866, este zoológico es uno de los mejores de Europa central y es famoso por su nutrida población de primates. Además, hay un enorme reptilario y un jardín de mariposas con más de 100 especies. Los recintos para animales imitan sus hábitats naturales. La mayoría de las casas de fieras son construcciones protegidas, edificadas entre 1909 y 1911 en estilo secesionista tardío.

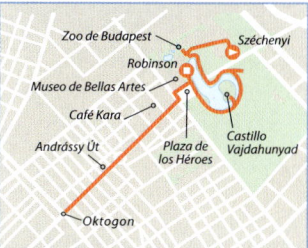

UN DÍA EN EL PARQUE DE LA CIUDAD

Zoo de Budapest — Széchenyi
Robinson
Museo de Bellas Artes
Café Kara — Castillo Vajdahunyad
Andrássy Út — Plaza de los Héroes
Oktogon

▶ MAÑANA

Városliget resulta perfecto para un paseo en familia. Se puede empezar temprano con un chapuzón en los baños termales más populares de Budapest, **Széchenyi** *(ver p. 95)*. Están situados en el centro del parque de la Ciudad y cuentan con una estación de metro propia en la línea Lilliputian Millenium. Una vez relajados, se puede llevar a los niños al **zoo de Budapest**. En la entrada informan sobre la programación de ese día. Después del zoo, dese un paseo por la orilla del lago del parque en Kós Károly sétány. Después del paseo se puede acudir al café turco **Café Kara** *(ver p. 98)* para tomar un café y exquisitos sándwiches.

TARDE

La tarde comienza en el **Museo de Bellas Artes** *(ver p. 95)*, en la **plaza de los Héroes**. Aunque se podría pasar en él toda la tarde, dedicándole hora y media se puede ver lo más destacado, sin olvidarse de la *Madonna* de Rafael o la colección del Greco. Después, lleve a los niños a dar un paseo en la histórica línea de metro M1 entre la plaza de los Héroes y el **Oktogon**; les encantarán los trenes de color amarillo brillante. A continuación, regrese hacia el parque para admirar la arquitectura del **castillo Vajdahunyad**, preferentemente en una barca de remos desde el lago central del parque. Si se visita en invierno, se puede patinar sobre hielo en el lago *(ver p. 53)*. Se sugiere acabar el día con una cena familiar en **Robinson** *(ver p. 99)*, uno de los restaurantes más famosos de Budapest.

Ver plano en p. 94 ←

Cafés y *pubs*

El elegante interior *art déco* del New York Café és Étterem

① New York Café és Étterem

PLANO D4 ▪ VII, Erzsébet körút 9-11 ▪ 06 1 322 38 49 ▪ **Horario: 8.00–22.00 todos los días** ▪ www.newyorkcafe.hu

Lujosa institución de Budapest *(ver p. 57)* donde disfrutar de un chocolate caliente o un Martini.

② Mirage Café & Bar

PLANO E2 ▪ VI, Dózsa György út 88 ▪ 06 1 462 70 70 ▪ **Horario: 10.00-22.00 todos los días**

Atrae a multitudes, pero la comida y los precios son buenos.

③ Kaledonia

PLANO M1 ▪ VI, Mozsár utca 9 ▪ 06 1 311 76 11 ▪ **Horario: 14.00-24.00 lu-vi, 12.00-24.00 sá y do**

Pub escocés con comidas contundentes donde ver eventos deportivos.

④ Menza

PLANO M2 ▪ VI, Liszt Ferenc tér 2 ▪ 06 1 413 14 82 ▪ **Horario: 11.00-23.00 todos los días** ▪ www.menzaetterem.hu

Restaurante y cafetería de estilo retro y versión moderna de una cantina.

⑤ Café Vian

PLANO M2 ▪ VI, Liszt Ferenc tér 9 ▪ **Horario: 9.00-1.00 todos los días** ▪ www.cafevian.com

Su amplia variedad lo convierte en un local completo *(ver p. 57)*.

⑥ Sugar Shop

PLANO M2 ▪ **Paulay Ede utca 48** ▪ 06 1 321 66 72 ▪ **Horario: 11.00-19.00 todos los días** ▪ www.sugarshop.hu

Ceda a los irresistibles y vistosos dulces de esta pastelería y tienda de golosinas. Los *tejberizs* (pudin de arroz con leche) son su especialidad.

⑦ Ferdinand Monarchy Czech Beerhouse

PLANO D2 ▪ Szív út 30 ▪ 06 1 312 20 77 ▪ **Horario: 12.00-23.00 todos los días**

Recordando a Praga, este local sirve cervezas de la vecina República Checa.

⑧ Flow

PLANO D3 ▪ VI, Andrássy út 66 ▪ **Horario: 9.00-19.00 todos los días** ▪ **www.flowcoffee.hu**

Café y té de todo el mundo. Su menú hará las delicias de veganos y vegetarianos.

⑨ Café Kara

PLANO E2 ▪ VI, Andrássy út 130 ▪ 06 1 269 41 35 ▪ **Horario: 10.00-22.00 todos los días**

Café al estilo turco y una carta amplia de cócteles. Admite perros.

⑩ Két Szerecsen

PLANO D3 ▪ Nagymező utca 14 ▪ **Horario: 9.00-24.00 todos los días** ▪ www.ketszerecsen.hu

Este restaurante sirve excelente comida, café y una amplia carta de vinos.

Restaurantes

1 Gundel
PLANO E2 ▪ Gundel Károly út 4 ▪ 06 1 889 81 11 ▪ Horario: 9.00-22.00 mi-sá ▪ www.gundel.hu ▪ FFF

Gundel es probablemente el restaurante más famoso y uno de los más caros de Hungría. Comida tradicional.

2 Király 100
PLANO D3 ▪ VI, Király utca 100 ▪ 06 1 351 67 93 ▪ Horario: 11.00-23.00 todos los días ▪ www.kiraly100.hu ▪ FFF

Este bistró sirve deliciosos filetes y ofrece una amplia selección de *palinka* (aguardiente de frutas húngaro).

3 The Big Fish
PLANO D3 ▪ VI, Andrássy út 44 ▪ 06 1 269 06 93 ▪ Horario: 12.00-22.00 todos los días ▪ www.thebigfish.hu ▪ FFF

Escoja lo que le apetezca en el amplio mostrador de marisco y pida que se lo preparen a su gusto.

El mostrador de The Big Fish

4 Porto di Pest
PLANO M2 ▪ VI, Liszt Ferenc tér 3 ▪ 06 1 351 87 38 ▪ Horario: 11.00-24.00 lu-sá (hasta 23.00 do) ▪ FF

Uno de los pocos lugares de Liszt Ferenc tér que atrae a más residentes que turistas. Deliciosos *goulash*, hamburguesas y cervezas locales.

5 Bagolyvár
PLANO E2 ▪ XIV, Gundel Károly út 2 ▪ 06 1 468 31 10 ▪ Horario: 12.00-23.00 todos los días ▪ www.bagolyvar.com ▪ FF

Un restaurante familiar que sirve comida húngara tradicional.

6 Maharaja
PLANO D3 ▪ VII, Csengery utca 24 ▪ 06 1 250 75 44 ▪ Horario: 12.00-23.00 todos los días ▪ FF

Un negocio familiar que ofrece curris deliciosos y ligeramente especiados.

7 Trattoria Gusto
PLANO M2 ▪ VI, Liszt Ferenc tér 11 ▪ 06 1 321 84 25 ▪ Horario: 12.00-23.00 todos los días ▪ FF

Pizzas hechas en horno de leña y otras especialidades italianas servidas en un bonito comedor.

8 Arriba Taqueria
PLANO D3 ▪ VI, Teréz körút 25 ▪ 06 30 490 88 96 ▪ Horario: 11.00-22.00 todos los días ▪ F

Es el mejor lugar *tex-mex* de Budapest.

9 Robinson
PLANO E2 ▪ XIV, Városligeti-tó ▪ Horario: 12.00-16.00 y 18.00-23.00 todos los días ▪ www.robinsonrestaurant.hu ▪ FF

Situado en una diminuta isla, sirve marisco en un entorno informal.

10 Parázs Pressző Thai Restaurant
PLANO D3 ▪ Jókai utca 8 ▪ Horario: 12.00-22.00 todos los días ▪ www.parazspresszo.com ▪ FF

Perfecto para los amantes de la comida tailandesa.

Ver plano en p. 94 ←

🔟 Las afueras

Aunque el centro de la ciudad resulta suficiente para mantener ocupada a la mayoría de los visitantes durante semanas, las afueras de Budapest, que se han extendido hasta las llanuras circundantes de Panonia, acogen algunos lugares de interés extraordinarios. Entre ellos se encuentran la antigua ciudad romana de Aquincum, hoy rodeada por una línea de ferrocarril y una autopista, y la antigua plaza fuerte romana de Óbuda, al suroeste. Las estribaciones de las colinas de Buda, antes lejos de la urbe, están ahora cubiertas por casas. Las cuevas de caliza de Pálvölgy y Szemlő-hegy han sido engullidas por la ciudad en expansión.

Monumento del Movimiento Obrero, parque Memento

LAS AFUERAS

1 Colección Törley y centro de visitantes

PLANO P3 ▪ XXII, Anna utca 5-7
▪ **06 1 339 23 00** ▪ **Es necesario reservar** ▪ **www.torleymuzeum.hu**

József Törley, considerado el padre de la industria vitivinícola húngara, estudió vitivinicultura en Reims, la capital de la Champaña francesa. Regresó a Hungría en la década de 1880 y comenzó a elaborar vinos muy espumosos en Budafok, un barrio a las afueras de Budapest. La colección Törley muestra la larga historia de los vinos espumosos Törley. Arquitectura con claras influencias otomanas.

Exposición de la Colección Törley

2 Cuevas Szemlő-hegy

PLANO N1 ▪ II, Pusztaszeri út 35
▪ **06 1 325 60 01** ▪ **Es necesario reservar**
▪ **Se cobra entrada** ▪ **www.dunaipoly.hu**

Budapest también es célebre por sus numerosas cuevas. Al norte del centro de la ciudad se alzan las colinas de Pilis, que ocultan en su interior varias redes de fabulosas cuevas. Las cuevas Szemlő-hegy son las más cercanas a Budapest, se llega en la línea de autobús nº 11 desde la plaza Batthyány (Batthyány tér) a Pusztaszeri út (a algo más de un kilómetro y medio desde aquí). Estas cuevas incluyen unas preciosas formaciones llamadas perlas de cueva, que se asemejan a racimos de uvas colgando de la roca. Estas formas se crean cuando los manantiales calientes penetran en la piedra caliza.

3 Colinas de Buda

PLANO N1

Las arboladas colinas de Buda, situadas al oeste de la ciudad, ofrecen un magnífico refugio (ver p. 103). La mejor forma de llegar es tomar el tren de cremallera (ver p. 52), que parte de Városmajor. Arriba, se puede dar un corto paseo hasta la torre de televisión. El tren infantil (ver p. 52) sale de la torre y serpentea por las colinas de Buda hasta la estación situada en el valle de Hűvös. Por el camino se encuentra la torre-mirador de Isabel (Erzsébet-kilátó), donde hay un telesilla para regresar a Buda. Fue construido por Frigyes Schulek en 1910.

4 Aquincum

PLANO P1 ▪ III, Szentendrei út 139 ▪ **06 250 16 50** ▪ **Horario: abr-oct: 9.00-18.00 ma-do; nov-mar: 10.00-16.00 ma-do** ▪ **Se cobra entrada** ▪ **aquincum.hu**

Aquincum, la capital de la provincia romana de Panonia, fue durante siglos la mayor ciudad de Europa Central. El yacimiento, excavado en el siglo XIX, es hoy muy visitado. Se puede ver el trazado de sus calles y edificios. El museo, instalado dentro de un lapidario neoclásico, expone objetos romanos encontrados en el yacimiento y maquetas de la antigua ciudad.

Exterior del Museo de Aquincum

Una escultura del parque Memento

⑤ Parque Memento
PLANO N3 ▪ XXII, Balatoni út
▪ 06 1 424 75 00 ▪ **Horario: 10.00-18.00 todos los días** ▪ Se cobra entrada
▪ www.mementopark.hu

El recinto del parque Memento reúne más de 40 ejemplos de estatuas y placas de la época comunista que ocuparon espacios públicos por toda la ciudad. Marx, Engels y Lenin están presentes, y también el pedestal de Stalin, con una réplica a escala real de sus botas: fue lo único que quedó cuando la estatua de Stalin fue derribada y destruida durante la revolución de 1956. También se expone un Trabant –conocido como "coche del pueblo"–, mientras que en un edificio similar a un barracón hay una exposición multimedia que revela parte de los métodos que la AVH, la policía secreta húngara, utilizaba para espiar a su pueblo. Todos los días a las 11.45 salen autobuses al parque desde Deák tér.

⑥ Parque del Pueblo
PLANO P2 ▪ VIII, Népliget

Fue diseñado en la década de 1860 y ocupa 112 hectáreas. Posee amplias praderas de césped y árboles, además de arriates de flores y zonas de juegos. Népliget sirvió de emplazamiento al primer circuito de carreras de la ciudad e incluso organizó un gran premio en 1936, que ganó Tazio Nuvolari en su Alfa Romeo. El circuito dejó de utilizarse en 1972 y cuando Hungría decidió celebrar carreras de Fórmula 1 se construyó un circuito nuevo, Hungaroring.

⑦ Nuevo cementerio público
PLANO Q2 ▪ X, Kozma utca 8-10
▪ 06 1 433 73 56 ▪ **Centro de visitantes: 10.00-16.00 ma-ju; cementerio: 7.00-17.00 todos los días** (hasta 17.30 mar, hasta 19.00 abr, hasta 20.00 mayo-jul, hasta 19.00 ago, hasta 18.00 sep)

Este tranquilo cementerio, al suroeste de Pest, es uno de los más grandes de Europa. Es el lugar de descanso de alrededor de 1,5 millones de húngaros, entre ellos Imre Nagy *(ver p. 41)* y otros participantes en la Revolución de 1956. Sus tumbas se encuentran en las parcelas 300 y 301, cerca de las cuales hay un centro de visitantes que proyecta una serie de cortometrajes sobre la vida de algunos personajes enterrados aquí.

⑧ Cementerio Judío
PLANO Q2 ▪ XVII, Kozma utca
▪ **Horario: 8.00-15.00 do-vi** (verano: hasta 16.00) ▪ www.budapestjewishcemetery.com

Este cementerio, abierto en 1893 y repleto de tumbas sofisticadas, recuerda la riqueza e influencia de los

---

LOS MAGIARES MÁGICOS

En la década de 1950, Hungría tenía el mejor equipo de fútbol del mundo. En 1953 el equipo logró una legendaria victoria por 6-3 sobre Inglaterra en el estadio de Wembley *(abajo)*, superada por una victoria por 7-1 en Budapest un año después. La prensa inglesa los apodó los "magiares mágicos", y a su jugador estrella, Ferenc Puskás, el "comandante galopante", ya que en su día fue comandante del ejército húngaro. Puskás huyó de Hungría en 1956 y se marchó a España. Gracias a él, el Real Madrid ganó tres Copas de Europa.

judíos de Budapest antes de la Segunda Guerra Mundial. Algunos de los sepulcros fueron diseñados por importantes arquitectos, como Ödön Lechner y Gyula Fodor.

⑨ Jardín botánico ELTE (Füvészkert)

PLANO F6 ▪ VIII, Illés utca 25 ▪ **06 1 210 10 74** ▪ **Horario: nov-mar: 9.00-16.00 todos los días; abr-oct: 10.00-17.00 todos los días** ▪ **Se cobra entrada**

Ocupa más de 3 ha en el este de Budapest. Forma parte de la Universidad ELTE, aunque fue trazado para la familia Festetics, que residía en la villa neoclásica hoy ocupada por el centro de administración. Es famoso por su gran conjunto de palmeras.

Turistas admirando las cuevas Pálvölgy

⑩ Cuevas Pálvölgy

PLANO N1 ▪ II, Szépvölgyi út 162 ▪ **06 1 325 95 05** ▪ **Es necesario reservar** ▪ **Se cobra entrada** ▪ **Prohibida entrada a menores de 5 años** ▪ **www.dunaipoly.hu**

Una cabaña a los pies de un precipicio señala la entrada a las cuevas. Además de las perlas de cueva que también se encuentran en Szemlő-hegy, es famosa por sus formaciones con supuestas siluetas de animales. Aunque se puede acceder y visitar muchas de las cuevas a través de escaleras, varias de las formaciones más espectaculares solo se pueden contemplar en una visita guiada. Dentro puede hacer mucho frío, así que conviene llevar ropa de abrigo.

UN DÍA EN LAS COLINAS DE BUDA

▶ MAÑANA

El día se inicia tomando el autobús nº 291 en Nyugati Pu hasta la terminal a los pies del Libegő (telesilla), que asciende hasta la cima de la **colina de János**. Desde aquí, hay un corto paseo hasta el **tren infantil** *(ver p. 52)*, una magnífica reliquia del pasado comunista de Hungría. Durante el trayecto entre las colinas, se puede hacer una parada para subir hasta lo alto de la **torre-mirador de Isabel** *(ver p. 101)* y disfrutar de impresionantes vistas de la ciudad. En verano, se puede subir al tren de vapor que sale cada hora en punto. Al bajarse en la **estación Szépjuhászné**, se puede almorzar en el café al aire libre de la estación.

TARDE

Se continúa por un camino bien señalizado hasta el **Parque Natural de Budakeszi** *(0623 45 17 83; www.vadaspark-budakeszi.hu)*. En este parque de 327 hectáreas se puede ver multitud de animales, desde jabalíes –que también deambulan en libertad en la zona de campo circundante– hasta manadas de lobos. Hay también una reserva separada para la flora. Las mejores secciones se pueden recorrer en una visita a pie, disfrute escalando en el parque aventura. El restaurante del parque sirve buenas raciones de comida tradicional; a partir de las 18.00 hay animada música popular y baile. Como el tren infantil cierra temprano, se puede tomar como alternativa el autobús nº 22 hasta Széll Kálmán tér. Desde allí, puede tomar el metro para regresar al centro de la ciudad.

Ver plano en p. 100 ←

Y además...

1 Tropicario-Oceanario

PLANO N3 ▪ XXII, Nagytétényí út 37-43 ▪ 06 1 424 30 53 ▪ **Horario: 10.00-20.00 todos los días** ▪ Se cobra entrada ▪ www.tropicarium.hu

En este oceanario con selva tropical se puede ver de cerca un tiburón o entrever un cocodrilo.

Expositores del Museo Kassák

2 Museo Kassák

PLANO P1 ▪ III, Fő tér 1 ▪ 06 368 70 21 ▪ **Horario: 10.00-17.00 mi-do** ▪ Se cobra entrada ▪ www.kassakmuzeum.hu

En este museo, en el palacio Zichy, se exhiben las obras de Lajos Kassák.

3 Anfiteatro de Óbuda

PLANO N1 ▪ III, Bécsi út

Data de 140-150, el anfiteatro militar es el mayor de los dos anfiteatros romanos de Budapest. Conserva dos entradas y los túneles por los que entraban los animales.

4 Anfiteatro de Aquincum

PLANO P1 ▪ III, Szentendrei út

Este anfiteatro civil con capacidad para 10.000 espectadores está situado entre el tren HÉV y una carretera. Se construyó en torno a los años 250-300 *(ver p. 101)*.

5 Acueducto

PLANO P1 ▪ III, Szentendrei út

Al este de Szentendrei út, hay un tramo restaurado del acueducto del siglo II que trasladaba el agua desde Óbuda hasta Aquincum. Hay tráfico a ambos lados, así que lleve cuidado.

6 Museo de Turismo y Comercio de Hungría

PLANO P1 ▪ III, Korona tér 1 ▪ 06 1 375 62 49 ▪ **Horario: 10.00-19.00 ma-do** ▪ Se cobra entrada ▪ www.mkvm.hu

Explore la historia de la cocina casera y la hostelería húngara y aprenda a elaborar algunos platos tradicionales.

7 Museo Hospital de la Roca (Búnker Nuclear)

PLANO N2 ▪ I, Lovas út 4/c ▪ **Horario: 10.00-19.00 todos los días** ▪ Se cobra entrada ▪ www.sziklakorhaz.eu

Figuras de cera dan vida a la escalofriante historia del sistema de cavernas del castillo de Buda, hospital y refugio de la Segunda Guerra Mundial, que se convirtió en búnker nuclear en 1962.

8 Palacio Nagytétény

PLANO N3 ▪ XXII, Kastélypark utca 9-11 ▪ **Cerrado por reforma**

Este museo es uno de los palacios barrocos más hermosos de Hungría.

9 Academia Ludovika

PLANO P2 ▪ X, Ludovika tér 2-6 ▪ 06 1 210 10 85 ▪ **Horario: 10.00-17.00 mi-lu** ▪ Se cobra entrada ▪ www.nhmus.hu

Parte de esta antigua escuela militar es la sede del Museo de Historia Natural.

10 Finca Wekerle

PLANO P2 ▪ XIX, Kós Károly tér

Esta ciudad-jardín está inspirada en las aldeas sajonas de Transilvania.

Casa de la finca Wekerle

Restaurantes y cafés

1 Remiz
PLANO N1 ■ II, Budakeszi út 5 ■ Horario: 12.00-23.00 lu-sá, 12.00-17.00 do ■ FFF ■ www.remiz.hu

Buena comida y vino húngaros, y la mejor chuleta de Budapest. Tiene un jardín muy bonito.

2 Kéhli
PLANO P1 ■ III, Mókus utca 22 ■ Horario: 12.00-22.00 lu-vi y do (hasta 22.30 sá) ■ FF ■ www.kehli.hu

Lleva desde 1899 preparando comida húngara al estilo antiguo. Cuenta con una banda de música popular.

3 Fióka
PLANO N2 ■ XII, Városmajor utca 75 ■ Horario: 11.00-24.00 todos los días ■ FF ■ www.fiokaetterem.hu

Este *gastropub* sirve platos de caza y buenos vinos locales.

4 Auguszt 1870 Patisserie
PLANO A3 ■ II, Fény u. 8 ■ 06 1 316 38 17 ■ Horario: 10.00-18.00 ma-sá ■ FFF ■ www.auguszt1870.hu

Pastas tradicionales húngaras y de inspiración francesa desde 1870. Un lugar frecuentado por la población local.

5 Náncsi Néni
PLANO N1 ■ II, Ördögárok út 80 ■ Horario: 12.00-23.00 todos los días ■ F ■ www.nancsineni.hu

Restaurante húngaro que elabora platos regionales con ingredientes frescos.

6 Zöld Kapu Vendéglő
PLANO P1 ■ III, Szőlő utca 42 ■ Horario: 10.00-22.00 todos los días ■ FF ■ www.zoldkapuvendeglo.hu

Un restaurante húngaro tradicional con jardín que sirve enormes porciones en el centro de Óbuda.

7 Központ Bisztró
PLANO P1 ■ IV, Szent István tér 1 ■ 0620 374 97 85 ■ Horario: 8.00-22.00 lu-vi, 10.00-22.00 sá y do ■ F ■ www.kozpontbisztro.hu

Famoso entre residentes por sus hamburguesas y su cocina internacional.

Interior de Budai Gesztenyés

8 Budai Gesztenyés
PLANO N2 ■ Budakeszi, Fő utca 1 ■ 0623 45 05 34 ■ Horario: 11.00-23.00 todos los días ■ FF ■ www.budaigesztenyes.hu

Comida europea moderna con un toque húngaro. Pocas opciones para cada plato. Como la calidad es alta, los precios son muy elevados.

9 Jardinette
PLANO N2 ■ XII, Németvölgyi út 136 ■ Horario: 12.00-22.00 ma-ju, 9.00-22.00 vi y sá, 9.00-20.00 do ■ FF ■ www.jardinette.hu

Exquisita comida francesa servida en torno a un jardín. Soberbia bodega.

10 Eat & Meet
PLANO P1 ■ XIII, Danubius utca 14 ■ Horario: 18.30-22.00 todos los días ■ FF ■ www.eatmeet-hungary.com

Una familia sirve cenas en su apartamento con vistas al Danubio. Platos tradicionales húngaros maridados con vinos locales. Los anfitriones enseñan la cocina y la cultura del país.

Ver plano en p. 100 ←

Datos útiles

**Pintorescos edificios del barrio
del Castillo de Buda**

Cómo llegar y moverse

LLegada en avión

Todos los vuelos a Budapest llegan al **Aeropuerto Internacional Liszt Ferenc.** Tiene conexiones con la mayoría de las grandes ciudades europeas.

La línea de autobús 200E opera entre la Terminal 2 y las estaciones de metro Nagyvárad tér y Népliget de Budapest las 24 horas del día. El autobús también para en Ferihegy vasútállomás, la estación de tren del aeropuerto, desde donde más de 100 trenes diarios facilitan el acceso al centro de la ciudad. Se pueden pedir taxis en las cabinas de **Fōtaxi** situadas en las salidas. **MiniBud** ofrece un servicio de microbús a los principales hoteles por una tarifa plana.

Llegada en tren

El tren es una excelente forma de llegar a Budapest. La estación principal de la ciudad, Keleti, está cerca del centro y a ella llegan trenes directos desde la mayoría de las grandes ciudades centroeuropeas. Se pueden comprar billetes y abonos para múltiples viajes internacionales a través de **Eurail** o **Interrail. MÁV** (Magyar llamvasutak) gestiona todos los trenes dentro de Hungría. Los rápidos InterCity enlazan la capital con Debrecen, Szeged, Pécs y Gyor, parando solo en las principales ciudades. Existen otros servicios, pero son más lentos y realizan más paradas. Los precios de los trenes son relativamente baratos. Los billetes pueden comprarse en las estaciones o en línea en MÁV.

Llegada por carretera

Todos los autocares internacionales llegan a la estación de autobuses de Népliget, al sur de Pest, que está cerca de la estación de metro Népliget, en la línea M3. No hay controles fronterizos para los vehículos que entran en Hungría desde Austria, Eslovaquia o Eslovenia. Sí los hay, en cambio, para los que entran desde Croacia, Rumanía o Ucrania; durante la temporada alta y los días festivos, las colas pueden ser largas. Budapest está en el centro de la extensa red de autopistas de Hungría y se puede llegar rápidamente desde todos los pasos fronterizos.

Transporte público

Budapest cuenta con una extensa red de transporte público compuesta por servicios de autobús, trolebús, tranvía y metro.

Todos los servicios están gestionados por Budapesti Közlekedési Központ o **BKK.** Su web ofrece información sobre medidas de seguridad e higiene, horarios, billetes, mapas de transporte y mucho más.

Billetes

BKK dispone de un centro de información en el aeropuerto donde se compran billetes sencillos y tarjetas de viaje de larga duración. También se pueden comprar en las máquinas de autoservicio de las estaciones de metro, los quioscos de prensa y las principales paradas de autobús y tranvía. Los billetes sencillos pueden comprarse al conductor en autobuses y tranvías, pero cuestan 100 Ft más. Las máquinas de autoservicio aceptan tarjetas, pero para comprar un billete a bordo de un tranvía o autobús es preciso el importe exacto en efectivo. Los billetes sencillos deben validarse a bordo de autobuses, trolebuses y tranvías, y en la entrada de las estaciones de metro.

Metro

Budapest cuenta con cuatro líneas de metro, que se distinguen más fácilmente por sus colores: amarillo (M1), rojo (M2), azul (M3) y verde (M4). Tres líneas (M1, M2 y M3) confluyen en la estación de Deák Ferenc tér, mientras que la línea M4 confluye con la M2 en Keleti pályaudvar y con la M3 en Kálvin tér.

El metro funciona desde las 4.30 hasta las 23.30 horas. El billete se valida en las máquinas situadas en las entradas de las estaciones.

Autobuses y trolebuses

Budapest cuenta con unas 200 líneas de autobús diferentes, así como 15 líneas de trolebús que circulan solo por Pest. Por el día funcionan desde las 4:30 hasta las 23:30 aproximadamente, con salidas en la mayoría de las rutas cada 10-20 minutos. Hay una buena oferta de autobuses nocturnos que circulan por la ciudad cada 15-60 minutos. En cada parada se exponen los horarios de salida y la lista de destinos. Los billetes deben validarse al entrar en el autobús.

Tranvías

Hay más de 30 líneas de tranvía en Budapest. Los tranvías son amarillos y son perfectos para hacer turismo por el centro. Comienzan temprano por la mañana, a partir de las 4.30 horas aproximadamente, y circulan con regularidad hasta las 23.00 o las 24.00 horas, dependiendo de la ruta. Los tranvías nocturnos circulan solo en la línea 6, cada 10-15 minutos. El billete se valida en la máquina situada en el interior del tranvía. En todas las paradas se indican los números de tranvía correspondientes y el horario. Los billetes y abonos BKK son válidos en toda la línea.

Barcos

Budapest cuenta con tres líneas públicas de barcos, la D-11, la D-12 y la D-14. Los barcos son ideales para hacer turismo y muchas paradas se encuentran cerca de lugares de interés, como el Parlamento. En general, operan cada 30-60 minutos entre las 6.30 y las 20.30 horas; sin embargo, los horarios cambian según la estación.

Los billetes pueden adquirirse a bordo o en el embarcadero. Los abonos y las tarjetas de viaje son válidos durante la semana, pero se necesita un billete especial los fines de semana o si no se dispone de abono o tarjeta de viaje. Varias compañías ofrecen recorridos por el Danubio en barco, con diferentes rutas que cubren diferentes lugares de interés y distancias.

Cityrama ofrece un recorrido en barco de una hora que es una buena introducción a la historia de la ciudad (y al papel del Danubio en la misma), mientras que **Silverline Cruises** opera una serie de viajes más largos, muchos de los cuales ofrecen comida, bebidas y entretenimiento.

En coche

Es el medio de transporte menos adecuado para moverse por Budapest. Hay pocos lugares donde aparcar y el laberinto de calles de una sola dirección puede ser un obstáculo insalvable. Si decide conducir, en el aeropuerto encontrará una gran variedad de empresas de alquiler de coches, como Hertz y Avis.

Taxis

Hay paradas de taxi por toda Budapest y también se pueden parar taxis en la calle, pero para evitar pagar una tarifa más elevada conviene reservar en su hotel o por teléfono.

Entre las compañías de mejor reputación se encuentran **City Taxi** y Főtaxi. Los servicios de transporte compartido como Uber están prohibidos en Hungría.

En bicicleta

Desplazarse en bicicleta por Budapest suele ser difícil y bastante peligroso. Hay que tener mucho cuidado con los raíles del tranvía y las superficies irregulares y adoquinadas. Sin embargo, las principales calles suelen estar abiertas a los ciclistas y hay cada vez más carriles bici. Esto y la apertura de calles de sentido único al ciclismo en sentido contrario (indicado por señales que lo permiten) han hecho que moverse en bicicleta sea cada vez más popular.

Bikebase alquila bicicletas y proporciona información sobre los carriles bici de la ciudad. El sistema público de bicicletas compartidas **MOL Bubi** cuenta con casi 150 estaciones de recogida y 1.900 bicicletas en varios puntos de la ciudad.

A pie

Budapest es una gran ciudad para quienes deseen explorarla a pie. Se han puesto en marcha numerosas medidas para reducir el número de coches en el centro. La calle Váci y la plaza de Vörösmarty son peatonales, al igual que muchas de las calles que rodean el Palacio Real. Las avenidas principales tienen aceras anchas perfectas para pasear.

INFORMACIÓN

LLEGADA EN AVIÓN

Aeropuerto Internacional Ferenc Liszt
W bud.hu

Főtaxi
W fotaxi.hu

MiniBud
W minibud.hu

LLEGADA EN TREN

Eurail
W eurail.com

Interrail
W interrail.eu

MÁV
W mav-start.hu

TRANSPORTE PÚBLICO

BKK
W bkk.hu/en

BARCOS

Cityrama
W cityrama.hu

Silverline Cruises
W silver-line.hu

TAXIS

Citytaxi
C 06 1 211 11 11
W citytaxi.hu

EN BICICLETA

Bikebase
W citytaxi.hu

MOL Bubi
W molbubi.hu

Información práctica

Documentación

Hungría forma parte del espacio Schengen, por lo que los españoles solo necesitan disponer del documento nacional de identidad en vigor para entrar en el país. Para obtener información específica, hay que consultar la embajada húngara más próxima o los **Servicios Consulares** del Ministerio de Asuntos Exteriores de Hungría.

Consejos oficiales

Es importante tener en cuenta los consejos oficiales antes de viajar. Se pueden consultar las recomendaciones sobre seguridad, sanidad y otras cuestiones importantes tanto en la web del **Ministerio de Asuntos Exteriores de España** como en la de la **Policía de Hungría.**

Información de aduanas

La web de la **Administración Nacional de Impuestos y Aduanas (NAV)** ofrece información relativa a la legislación sobre bienes y divisas que se pueden introducir o sacar de Hungría.

Seguros de viaje

Es recomendable contratar un seguro completo que cubra robos, pérdida de pertenencias, problemas médicos, cancelaciones y retrasos, y leerse la letra pequeña.

Salud

Hungría cuenta con un buen sistema sanitario. La atención médica de urgencia en Hungría es gratuita para todos los ciudadanos de la UE, siempre que dispongan de la **Tarjeta Sanitaria Europea (TSE).** Hay que presentarla lo antes posible cuando se reciba tratamiento médico de urgencia. Es posible tener que pagar después del tratamiento y reclamar el dinero más tarde.

Para más información acerca de los requisitos de vacunación contra la COVID-19, consultar los consejos oficiales. No se requiere ninguna otra vacuna para visitar Hungría.

A menos que se indique lo contrario, el agua del grifo es potable.

Las farmacias están bien provistas y hay por todas partes: la mayoría abren los siete días de la semana. La palabra húngara para "farmacia" es *patika* o *gyógyszertár*, aunque se ve también la palabra alemana *apotheke*.

En el caso de una dolencia menor, el farmacéutico podrá recomendar un tratamiento adecuado. Algunos medicamentos requieren receta médica, mientras que otros pueden venderse sin receta en las farmacias. Si la farmacia más cercana está cerrada, debería haber una lista expuesta en la puerta o en el escaparate de todas las farmacias locales: se indicará cuáles están de guardia las 24 horas del día. Las farmacias más próximas a la ciudad que abren las 24 horas del día están en Déli Gyógyszertár, frente a la estación de Déli, en Buda, y Teréz Patika, cerca de la estación de metro de Oktogon, en Pest.

No todo el personal médico habla inglés. En caso de urgencia, llame a una ambulancia o acuda a **Péterfy Kórház-Rendelőintézet,** la sala de urgencias 24 horas más céntrica de la ciudad, situada cerca de la estación de Keleti. Hay varias clínicas privadas con personal que habla inglés y presta asistencia de mayor calidad, pero son caras y no se acepta la TSE. La más céntrica es **Medoc Klinika.**

El tratamiento dental húngaro es bueno y barato. En caso de urgencia, **Smilistic Dental Services** funciona de lunes a viernes.

Tabaco, alcohol y drogas

Hungría cuenta con una de las legislaciones antitabaco más estrictas de la UE y está prohibido fumar en todos los espacios públicos cerrados, incluidos los transportes públicos y las estaciones. Incluso en el exterior, los fumadores deben estar a 5 m de la entrada de un edificio antes de encender el cigarrillo.

Los cigarrillos solo pueden comprarse en las tiendas de la cadena nacional de estancos *(Nemzeti Dohánybolt)*.

Es ilegal conducir en Hungría después de haber consumido cualquier tipo de alcohol. Le multarán si su tasa de alcoholemia es superior al 0% pero inferior al 0,08%; si es superior al 0,08%, tendrá que ir a juicio.

Hungría aplica una política antidroga de tolerancia cero. Se imponen cuantiosas multas o incluso penas de cárcel por posesión de cantidades pequeñas de sustancias ilegales.

Carné de identidad

Por ley, en Hungría se debe llevar siempre consigo el pasaporte o carné de identidad y presentarlo a la policía si lo requiere. Se pide el carné de identidad al registrarse en un alojamiento, incluidos los apartamentos privados de alquiler.

Seguridad personal

Budapest es una de las capitales más seguras de Europa, pero siempre es conveniente tomar precauciones cuando se pasea por la ciudad, sobre todo de noche. Se deben extremar las precauciones contra los carteristas, sobre todo en las rutas de transporte público más transitadas y en las zonas turísticas más populares, en particular en la calle Váci y sus alrededores. Los vehículos de alquiler pueden ser objetivo de los ladrones, así que hay que asegurarse de no dejar objetos de valor en el interior del coche. También es una buena idea no llevar objetos de valor a los baños termales de la ciudad, ya que los ladrones pueden robar las taquillas ocasionalmente.

En caso de robo, hay que denunciar el delito lo antes posible en la comisaría de policía más cercana y llevar consigo un documento de identidad. Se debe pedir una copia de la denuncia para reclamar luego al seguro. Hay que ponerse en contacto con la embajada o consulado en caso de pérdida o robo del pasaporte, o en caso de delito o accidente grave.

Hungría es una sociedad mayoritariamente conservadora, por lo que las comunidades LGTBIQ+ no siempre gozan de aceptación. Aunque las uniones de hecho entre personas del mismo sexo son legales en Hungría desde 2009, el matrimonio entre personas del mismo sexo está prohibido por la Constitución. En 2021, el Gobierno húngaro aprobó una ley que prohíbe a las personas cambiar su género en los documentos oficiales y que prohíbe a las escuelas tratar temas relacionados con el colectivo LGTBIQ+. Sin embargo, la capital es más abierta. La ciudad cuenta con una animada vida nocturna LGTBIQ+ y celebra cada mes de junio un festival anual del Orgullo, de un mes de duración, que incluye proyecciones de películas, obras de teatro y fiestas, así como un gran desfile del Orgullo.

En caso de sentirse inseguro, la **Safe Space Alliance** indica el lugar de refugio más cercano.

El número de los **servicios de emergencia** (bomberos, policía y ambulancias) es el 112. No hay muchos policías que hablen inglés, pero todos están encantados de ayudar a los turistas. La palabra húngara para policía es *rendőrség*.

Viajeros con necesidades específicas

Muchos lugares de interés de Budapest están situados en zonas con calles empedradas, cuestas empinadas, escalones o aceras estrechas (especialmente en la zona del castillo), lo que presenta dificultades para los visitantes con movilidad reducida. Los edificios históricos no tienen normalmente ascensores o rampas, pero los hoteles, restaurantes y bares más grandes están obligados a disponer de habitaciones accesibles y cuartos de baño bien equipados.

INFORMACIÓN

DOCUMENTACIÓN

Servicios Consulares
🌐 konzuliszolgalat. kormany.hu/en

CONSEJOS OFICIALES

Ministerio de Asuntos Exteriores de España
🌐 exteriores.gob.es

Policía de Hungría
🌐 police.hu/en

INFORMACIÓN DE ADUANAS

Administración Nacional de Impuestos y Aduanas (NAV)
🌐 nav.gov.hu/en

SALUD

Tarjeta Sanitaria Europea (TSE)
🌐 seg-social.es

Medoc Klinika
🌐 medocklinika.hu

Péterfy Kórház-Rendelöintézet
🌐 peterfykh.hu

Smilitic Dental Services
🌐 smilistic.dental

SEGURIDAD PERSONAL

Servicios de emergencia
📞 112

Safe Space Alliance
🌐 safespacealliance. com

A la mayoría de las estaciones de metro y a los tranvías y autobuses más nuevos se puede acceder sin escalones. **BKV** (Budapesti Közlekedési Zrt.) ofrece un servicio de autobús puerta a puerta.

La Federación Húngara de Asociaciones de Personas con Discapacidad, más conocida como **MEOSZ**, tiene una página web muy práctica con información sobre el acceso para discapacitados en Budapest, aunque de momento solo está disponible en húngaro.

Zona horaria

Budapest utiliza la hora centroeuropea, en consonancia con la mayor parte de la Europa continental. Esto significa que está dos horas por delante de la hora del meridiano de Greenwich (GMT) en verano y una hora por delante en invierno, como España.

Dinero

La moneda húngara es el florín (Ft). Se aceptan las principales tarjetas de crédito y débito en todas partes y los pagos *contactless* son cada vez más habituales. Se suele exigir una cantidad mínima, así que conviene llevar dinero en efectivo para los pagos de importes pequeños. Los cajeros automáticos *(bankautomata)* están disponibles fuera de los bancos, que son muy numerosos, así como en algunas tiendas.

Es costumbre dar a los camareros una propina del 10% de la cuenta, al servicio de limpieza del hotel 200 Ft al día y al personal de conserjería entre 200 y 400 Ft.

Dispositivos eléctricos

La corriente eléctrica es de 220 voltios. Muchos aparatos, como los cargadores de móviles y portátiles, tienen transformador incorporado, así que los transformadores independientes no suelen ser una preocupación.

Teléfonos móviles y wifi

Los viajeros que visiten Hungría con planes de llamadas de la UE podrán utilizar sus dispositivos sin verse afectados por las tarifas de itinerancia de datos en el extranjero. Telenor, Vodafone y Telekom, las tres grandes redes móviles húngaras, ofrecen tarjetas SIM de prepago, que se venden en la mayoría de los quioscos de prensa y en las tiendas de telefonía móvil.

Budapest ofrece muchos puntos de conexión wifi. Los cafés y restaurantes no suelen tener inconveniente en permitir el uso de su wifi con la condición de que realice una consumición. En los hoteles suele ser gratuita. El Aeropuerto Internacional Lizst Ference también dispone de wifi gratis. La aplicación **WiFi Map** enumera la mayoría de los puntos wifi gratuitos de la ciudad.

Correos

El correo postal húngaro es rápido y fiable. Las oficinas de Magyar Posta, el servicio nacional de correos, suelen abrir de 7.00 a 18.00. Puede comprar sellos en el mostrador de la oficina y en quioscos de prensa. Cuesta 370 Ft enviar una carta ordinaria de hasta 20 g o una postal a la UE y 435 Ft a otros destinos. La mayoría de las oficinas de correos húngaras ofrece servicios de lista de correos.

Horarios

Los bancos suelen abrir de 9.00 a 16.00 los días laborables, aunque este horario suele variar mucho. Las tiendas abren muchas horas de lunes a sábado (a menudo de 10.00 a 20.00), pero en los centros comerciales abren hasta las 22.00. Muchos comercios, sobre todo los más grandes, abren también los domingos, pero quizá cierren antes los demás días. Encontrará muchísimos quioscos pequeños y unos cuantos hipermercados por toda la ciudad que venden productos básicos las 24 horas del día.

La mayoría de los museos y lugares de interés abre todos los días, aunque algunos cierran los lunes.

COVID-19 Un aumento en el número de infectados puede conllevar cambios en los horarios y/o cierres. Consulte siempre antes de visitar museos, monumentos y lugares de reunión.

Clima

El clima de Budapest es un clima de extremos. Los veranos son muy calurosos, con temperaturas que sobrepasan los 30 °C en julio y agosto, mientras que el invierno suele ser muy frío y no es raro que nieve. La primavera es húmeda: mayo y junio son los meses con mayores precipitaciones. El final del verano y el otoño quizá sean las mejores épocas para visitar la ciudad.

Información turística

Budapest Info, la organización turística oficial de la ciudad, tiene una excelente página web que contiene información útil para los turistas; también gestiona varios centros de **Tourinform.** La oficina principal está en Deák tér, pero hay otras en Liszt Ferenc tér, el castillo de Buda y el aeropuerto. Organizan visitas guiadas y ofrecen planos e información general. **Visit Hungary,** la página web y la aplicación oficiales de la Agencia Húngara de Turismo, es perfecta para planificar excursiones fuera de Budapest. **Pink Budapest** ofrece recomendaciones actualizadas sobre locales y eventos para el público LGTBIQ+.

La web **We Love Budapest** es una excelente fuente independiente de listados de eventos, al igual que la revista mensual gratuita *Funzine Budapest* y su página web. Ofrece mapas de itinerarios urbanos: son planos prácticos e informativos para explorar los principales lugares de interés mediante paseos de dos o tres horas. Se actualizan cada mes y están disponibles en casi todos los hoteles de forma gratuita.

La Budapest Card da derecho a utilizar gratuitamente la mayoría de los transportes urbanos y permite la entrada con descuento o gratuita a algunos museos. También ofrece descuentos en las entradas a una serie de balnearios y restaurantes

seleccionados y a muchos actos culturales. Se puede adquirir en línea a través de la página web Budapest Info, en los centros oficiales de información turística o en el Aeropuerto Internacional Liszt Ferenc.

Visitas a iglesias y catedrales

Se debe vestir de forma respetuosa, con el torso, la parte superior de los brazos y las rodillas cubiertos.

Idioma

El húngaro, o magiar, es la lengua oficial en Hungría. En Budapest, las personas que trabajan en el sector servicios normalmente hablan inglés.

Impuestos y devoluciones

El precio de todas las mercancías en Hungría incluye un impuesto sobre el valor añadido del 27% (ÁFA). Con la excepción de las antigüedades y las obras de arte, los residentes de fuera de la UE pueden reclamar la devolución de este impuesto sobre todo lo que cueste más de 50.000 Ft. Sin embargo, antes de comprar artículos caros con la intención de reclamar el IVA, es aconsejable consultar al vendedor si dispone del formulario necesario. Al salir del país, hay que presentar estos documentos junto con el recibo y el documento de identidad en la aduana para obtener el reembolso.

Alojamiento

Budapest cuenta con una amplia oferta de alojamientos, incluidos varios hoteles de lujo en palacios del siglo XIX.

Durante la temporada alta de verano (de junio a septiembre) y en Navidad y Año Nuevo, los alojamientos se llenan y los precios suben, así que conviene reservar con antelación. En el precio de la habitación se incluye un impuesto de balneario (este impuesto se cobra porque la ciudad está clasificada como ciudad balnearia). Según la legislación húngara, todos los proveedores de alojamiento están obligados a registrar a los huéspedes en la policía y a proporcionarles un recibo.

INFORMACIÓN

VIAJEROS CON NECESIDADES ESPECÍFICAS

MEOSZ
w meosz.hu

BKV
w bkv.hu/en/content/ physically_challenged_2016

TELÉFONOS MÓVILES Y WIFI

WiFi Map
w wifimap.io

INFORMACIÓN TURÍSTICA

Budapest Info
w budapestinfo.hu

Funzine Budapest
w funzine.hu

Pink Budapest
w pinkbudapest.com/

**Tourinform
PLANO C4** ■ V, Sütő utca 2 (Deák tér)
☎ 06 1 438 80 80 (24 horas)

Visit Hungary
w visithungary.com

We Love Budapest
w welovebudapest.com

Dónde alojarse

PRECIOS
Por habitación doble (con desayuno, si está incluido), impuestos y otros cargos.

F menos de 15.000 Ft   FF 15.000-30.000 Ft   FFF más de 30.000 Ft

Hoteles de lujo

Mamaison Andrássy Boutique Hotel

PLANO M2 ▪ VI, Andrássy út 111 ▪ 06 1 462 21 00 ▪ www.mamaisonandrassy. com ▪ FF
En Andrássy encontrará toda la elegancia que se pueda desear. Pertenece a la cadena Small Luxury Hotels of the World y se sitúa en la avenida con más estilo de la ciudad. Cuenta con un estupendo restaurante, Baraka (ver p. 56), y sus habitaciones están magníficamente amuebladas.

Corinthia Hotel Budapest

PLANO D3 ▪ VII, Erzsébet körút 43-49 ▪ 06 1 479 40 00 ▪ www.corinthia.com ▪ FFF
Desde la fachada hasta los exquisitos atrios y el vestíbulo, todo en el Grand Royal atesora historia desde 1896. Con su ubicación céntrica, espléndidas habitaciones y restaurantes de primera clase, constituye un fabuloso hotel.

Crowne Plaza Budapest

PLANO C2 ▪ VIII, Váci út 1-3 ▪ 06 1 288 55 00 ▪ www.ihg.com ▪ FFF
Céntricamente situado junto a la estación de Nyugati, este hotel de lujo cuenta con habitaciones espaciosas y bien equipadas, un magnífico bufé

desayuno y un encantador bar y terraza en la azotea.

Hilton Budapest

PLANO G2 ▪ I, Hess András tér 1-3 ▪ 06 1 889 66 00 ▪ www.hilton.com ▪ FFF
Su fachada es una de las imágenes más reconocibles del barrio del Castillo. Se trata de un hotel fantástico con habitaciones bien amuebladas, muchas de ellas con vistas del Danubio.

Hotel Nemzeti Budapest – MGallery

PLANO D4 ▪ VIII, József körút 4 ▪ 06 1 477 45 00 ▪ www.accor.com ▪ FFF
Por neoclásico que sea este edificio, las habitaciones son modernas. El vestíbulo y las zonas comunes son espectaculares y el bar está animado hasta altas horas.

Kempinski Hotel Corvinus Budapest

PLANO L3 ▪ V, Erzsébet tér 7-8 ▪ 06 1 429 37 77 ▪ www.kempinski.com ▪ FFF
Con un diseño exterior modernista, en su interior se encuentran suntuosos muebles, baños de mármol y lujo sobrio. La mayoría de las habitaciones mira a la plaza de Isabel.

Queen's Court

PLANO D4 ▪ VII, Dob utca 63 ▪ 06 1 882 30 00 ▪ www.queenscourthotel budapest.com ▪ FFF

Aunque no resulta atractivo desde fuera, dentro del Queen's Court solo encontrará lo mejor, sobre todo en las *suites*, magníficamente diseñadas. También presume de tener una piscina cubierta de lujo y un gimnasio.

The Ritz-Carlton, Budapest

PLANO L3 ▪ V, Erzsébet tér 9-10 ▪ 06 1 429 55 00 ▪ www.ritzcarlton.com ▪ FFF
Una combinación perfecta de elegancia y confort. En una magnífica ubicación en la plaza de Isabel. Este edificio protegido ha sido amueblado adorablemente con un estilo pulcro y moderno.

Hoteles históricos y emblemáticos

Anantara New York Palace Budapest

PLANO D4 ▪ VII, Erzsébet körút 9-11 ▪ 06 1 886 61 11 ▪ www.anantara.com ▪ FFF
En este hotel lujoso (ver p. 98) las superficies son de mármol, bronce, acero y cristal y todas las *suites* tienen bañera de mármol. Alberga el espléndido New York Café, uno de los grandes lugares de reunión literaria del siglo XX.

Hotel Continental Budapest

PLANO M4 ▪ VII, Dohány utca 42-44 ▪ 06 1 815 10 00 ▪ www.continental hotelbudapest.com ▪ FFF
Este edificio, con una impresionante fachada *art nouveau*, que a principios del siglo XX era un balneario, es hoy un moderno

hotel orientado a los negocios, con jardín en la azotea y un gimnasio completo.

Hotel Palazzo Zichy
PLANO D5 ▪ VIII, Lőrinc pap tér 2 ▪ 06 1 235 40 00 ▪ www.hotel-palazzo-zichy.hu ▪ FFF
El palacio Zichy data de 1989 y es una joya neobarroca convertida en la actualidad en hotel de lujo. Las soberbias habitaciones son amplísimas y el bufé de desayuno es uno de los mejores de la ciudad.

Matild Palace
PLANO C5 ▪ V, Váci utca 36 ▪ 06 1 550 50 50 ▪ www.marriott.com ▪ FFF
Construido en 1902, este suntuoso hotel ofrece un alojamiento palaciego con habitaciones de techos altos elegantemente amuebladas. Las habitaciones tipo loft ofrecen impresionantes vistas del centro de Budapest.

Hotel Párisi Udvar
PLANO C5 ▪ Petőfi Sándor utca 2-4 ▪ 06 1 576 16 00 ▪ www.hyatt.com ▪ FFF
Parte del Grupo Hyatt, el Párisi Udvar ha devuelto a la vida una galería comercial art nouveau. Está decorado con azulejos de Zsolnay y cuenta con un espectacular vestíbulo con techo de cristal.

Hoteles con encanto

Bohem Art Hotel
PLANO L5 ▪ V, Molnár utca 35 ▪ 06 1 327 90 20 ▪ www.bohemarthotel.hu ▪ FF
Este "hotel del arte" expone la obra de artistas locales. Está fantásticamente situado, a pocos

metros del río y de la calle Váci, y el precio de las habitaciones es más que razonable para el estilo y el lujo del establecimiento.

Boutique Hotel Budapest
PLANO L5 ▪ V, Só utca 6 ▪ 06 1 920 21 00 ▪ www.boutiquehotel budapest.com ▪ FF
El interior de este establecimiento un tanto minimalista y muy moderno es tan vanguardista como parece. También tiene un fantástico restaurantes de fusión.

Brody House
PLANO M4 ▪ VIII, Bródy Sándor utca 10 ▪ 06 1 266 12 11 ▪ www.brody.land ▪ FF
Este hotel con encanto está adjunto a un local privado. La zona común tiene preciosas vistas al parque que hay al lado del Museo Nacional y una biblioteca bien surtida. El personal también le brindará información para descubrir la ciudad.

Hotel Parlament
PLANO L1 ▪ V, Kálmán Imre utca 19 ▪ 06 374 60 00 ▪ www.parlament-hotel.hu ▪ FF
Las habitaciones se distinguen por sus soberbios suelos de madera y su sencillo pero elegante diseño. También tiene un buen spa, restaurante y bar.

Three Corners Boutique Hotel Bristol
PLANO E4 ▪ VIII, Kenyérmező utca 4 ▪ 06 799 11 00 ▪ www.threecorners.com ▪ FF
Este inmaculado hotel es muy tranquilo para

estar cerca de la estación de ferrocarril. El personal está dispuesto a agradar. Buen desayuno tipo bufé.

Aria Hotel Budapest
PLANO L3 ▪ V, Hercegprímás utca 5 ▪ 06 1 445 40 55 ▪ www.ariahotel budapest.com ▪ FFF
Su elegante patio interior le dará una bocanada de aire fresco, como también sus sublimes habitaciones, cada una con decoración diferente a las demás. Lo mejor es el bar de la azotea y sus espectaculares vistas.

Mamaison Residence Izabella Budapest
PLANO D3 ▪ VI, Izabella utca 61 ▪ 06 1 475 59 00 ▪ www.mamaisoniza bella.com ▪ FFF
Apartahotel con espaciosos apartamentos de uno, dos y tres dormitorios en una magnífica ubicación, frente a la calle con más clase de Budapest, la avenida Andrássy. Hay un mostrador de recepción las 24 horas, seguridad, aparcamiento y un gimnasio.

Danube View Hotels

Buda Gold
PLANO A5 ▪ I, Hegyalja út 14 ▪ 06 1 209 47 75 ▪ www. goldhotel.hu ▪ FF
Hotel situado a un corto paseo de la ciudadela. Ocupa un magnífico edificio construido en 1997 que también tiene una torre. Las habitaciones lucen suelos de madera de cerezo y la mayoría ofrece vistas del Danubio o las colinas de Buda.

Hotel Victoria
PLANO H2 ▪ I, Bem rakpart 11 ▪ 06 1 457 80 80 ▪ www.victoria.hu ▪ FF
Situado bajo el castillo de Buda, en la orilla del Danubio, este hotel de gama media, con encanto, ofrece 27 espaciosas y bien equipadas habitaciones, todas con vistas al río. El personal es eficiente y servicial.

Lánchíd 19
PLANO J4 ▪ I, Lánchíd utca 19 ▪ 06 1 457 12 00 ▪ www.lanchid19hotel. com ▪ FF
Este moderno hotel de diseño cuenta con una fachada de cristal única, que cambia de color a lo largo de la tarde. En el interior también hay muchos toques de estilo. Habitaciones grandes, equipadas con gran cantidad de aparatos de alta tecnología y casi todas con magníficas vistas. Las *suites* del ático son deslumbrantes.

art'otel
PLANO H1 ▪ I, Bem rakpart 16-19 ▪ 06 1 487 94 87 ▪ www.artotels.com ▪ FFF
Ubicado en un sublime edificio neobarroco a orillas del Danubio se inspira en el diseño y el arte modernos. Se exhiben obras del artista estadounidense Donald Sultan y el concepto artístico lo inunda todo, desde las alfombras hasta la cubertería.

Budapest Marriott
PLANO K4 ▪ V, Apáczai Csere János utca 4 ▪ 06 1 486 50 00 ▪ www.marriott. com/budhu ▪ FFF
El Marriott, primer hotel de cinco estrellas de Budapest, data de 1969 y su arquitectura modernista aún destaca a orillas del

Danubio. Todas las habitaciones tienen impresionantes vistas.

Hotel Clark
PLANO J3 ▪ I, Clark Ádám tér 1 ▪ 06 1 610 48 90 ▪ www.hotelclark budapest.hu ▪ FFF
En este lujoso hotel con fabulosas vistas al puente de las Cadenas solo se permite la entrada a adultos. El hotel debe su nombre al ingeniero escocés Adam Clark, que diseñó el puente y el túnel del castillo de Buda.

Four Seasons Hotel Gresham Palace
PLANO K3 ▪ V, Széchenyi István tér 5-6 ▪ 06 1 268 60 00 ▪ www.fourseasons. com ▪ FFF
El elevado precio de una habitación en el mejor hotel de la ciudad se relativiza en cuanto se accede al vestíbulo, una maravilla del diseño moderno en un entorno clásico. Este destacado edificio de estilo Secesión ofrece un espléndido servicio y vistas del puente de las Cadenas, el Danubio y las colinas de Buda *(ver p. 83)*.

InterContinental Budapest
PLANO K3 ▪ V, Apáczai Csere János utca 12-14 ▪ 06 1 327 63 33 ▪ www. ihg.com ▪ FFF
Las grandes habitaciones con ventanas mirando hacia el Danubio son el principal atractivo de este destacado veterano de Budapest. Las zonas de recepción son acogedoras y el restaurante del hotel, Corso, ha recibido excelentes críticas, sobre todo por el espléndido *brunch* de bufé de los domingos.

Hoteles de precio medio y apartoteles

Dominika Apartman Hotel
PLANO N2 ▪ XII, Lidérc utca 13 ▪ 06 1 246 00 62 ▪ www. dominikahotel.hu ▪ F
Este magnífico alojamiento está ubicado en una pensión de un barrio arbolado de Budapest. Dispone de terraza y piscina en la parte trasera del edificio.

Carlton Hotel
PLANO H3 ▪ I, Apor Péter utca 3 ▪ 06 1 224 09 99 ▪ www.carltonhotel.hu ▪ FF
De aspecto austero, es un buen hotel de precio medio. Las 95 habitaciones son cómodas y disponen de aire acondicionado. El excelente desayuno tipo bufé está incluido en el precio de la habitación.

Corvin Hotel Sissi Wings
PLANO P2 ▪ IX, Angyal utca 33 ▪ 06 1 218 65 66 ▪ www.corvinhotel budapest.hu ▪ FF
Este hotel, llamado así por Isabel (Erzsébet), la esposa del emperador Francisco José II, a quien sus amigos llamaban Sissi, está a la altura de su nombre. Es un lugar atractivo con elegantes interiores y 44 habitaciones amplias, algunas con balcón. Hay varias estancias reservadas para no fumadores.

Ibis Centrum
PLANO M5 ▪ IX, Ráday utca 6 ▪ 06 1 456 41 00 ▪ www.ibis.com ▪ FF
Ofrece un adecuado grado de comodidad a precio razonable. Se encuentra en una de las calles más bulliciosas de la ciudad, pero las habitaciones están insonorizadas. Posee un hermoso patio ajardinado.

Locust Tree Apartments

PLANO D4 ▪ VII, Akacfa utca 12 ▪ 0670 394 26 51 ▪locusttreeapartments. com ▪ FF
Se encuentra a solo unos minutos de las atracciones más populares. Este aparthotel de ambiente tranquilo, en una concurrida calle con locales nocturnos, bares y cafés, ofrece televisión por cable, té, café y servicio de lavandería, todo a un precio justo.

Manzárd Panzió

PLANO F6 ▪ Bláthy Ottó utca 21▪ 06 1 210 41 41 ▪ www.manzardpanzio. com ▪ FF
Situado en una zona residencial tranquila del centro de Budapest, Manzárd es un sencillo hotel con encanto. Dispone de un amplio jardín, acceso gratuito a wifi y organiza barbacoas y fiestas con *goulash* con bastante frecuencia.

City Gardens Apartment Hotel

PLANO M1 ▪ VI, Ó utca 43-49 ▪ 0620 285 08 07 ▪ www.citygardens budapest.com ▪ FFF
Todas las comodidades, biblioteca de DVD, tés, cafés y wifi gratis, hacen de estos apartamentos una buena alternativa a los hoteles tradicionales. El edificio cuenta con gimnasio y sauna. Se puede contratar el traslado al aeropuerto.

Alojamiento económico

Albergue Adagio 2.0 Basilica

PLANO C4 ▪ VII, Andrássy út 2 ▪ 06 1 950 96 74 ▪ www. adagiohostel.com ▪ F
Este moderno albergue goza de una envidiable ubi-
cación en la calle más exclusiva de la ciudad. Ofrece habitaciones privadas y dormitorios comunes a precios razonables, además de una gran cantidad de servicios, como un servicio de lavandería.

Avenue Hostel

PLANO D3 ▪ VI, Oktogon 4 ▪ 0670 410 61 35 ▪ www. avenuehostel.hu ▪ F
A poca distancia de lugares de interés como el parque de la Ciudad y el Parlamento húngaro, este albergue está bien situado y es económico. Ofrece dormitorios comunes y habitaciones privadas, y cuenta con un animado bar y cafetería, que se convierte en un centro neurálgico para los viajeros por las noches.

Boat Hostel Fortuna

PLANO C1 ▪ XIII, Szent István Park, Alsó rakpart ▪ 06 70 770 04 02 ▪ www. fortunaboat.com ▪ F
La mayor parte de este barco está ocupada por un hotel elegante, pero también hay dormitorios colectivos en el casco, que se anuncian como albergue. Son más baratos, pero están más ocupados que las habitaciones del hotel.

Flow Spaces

PLANO D5 ▪ V, Gonczy Pal utca 2 ▪ 0620 491 00 03 ▪ www.flowhostel.hu ▪ F
Situado en un antiguo almacén, los interiores de este albergue son muy luminosos y modernos. Cuenta con habitaciones privadas y compartidas, todas decoradas con vivos colores, y un práctico espacio de trabajo.

Full Moon Hostel

PLANO C2 ▪ V, Szent István körút 11 ▪ 06 1 792
90 45 ▪ www.fullmoon hostel.com ▪ F
Luminoso y colorido, con enormes retratos de estrellas del rock de la década de 1960, se trata de un albergue animado con diferentes opciones de alojamiento, incluso habitaciones privadas.

Albergue The Loft

PLANO C5 ▪ Veres Pálné utca 19 ▪ 0630 957 89 57 ▪ F
Este albergue sencillo, adornado con obras de arte extravagantes, tiene una excelente relación calidad-precio. Está muy bien situado en un antiguo bloque de patios de Budapest, en el corazón del barrio con más marcha de la ciudad, en torno a la calle Váci.

Maverick Urban Lodge

PLANO D5 ▪ V, Lónyay utca 31 ▪ 06 1 472 52 32 ▪ www.mavericklodges ▪ F
Un lugar con encanto que lleva el concepto de albergue a un nivel superior. Dispone de elegantes zonas comunes, que incluyen un espacio de trabajo, una cocina moderna, un bar en la azotea y una terraza en la calle, además de una amplia gama de cómodas habitaciones privadas y dormitorios compartidos.

Shantee House

PLANO N2 ▪ XI,Takács Menyhért utca 33 ▪ 06 1 385 89 46 ▪ www.back packbudapest.hu ▪ F
Una pensión siempre bulliciosa y popular entre los mochileros. Aunque las habitaciones son sencillas, están impecables y cambian la ropa de cama a diario. En las habitaciones no hay aire acondicionado.

Precios ver p. 114

Índice general

Agradecimientos

Autor

Craig Turp, lingüista de formación, ha escrito numerosas guías de viaje a lo largo de una carrera de más de dos décadas. Actualmente es el editor de Emerging Europe, un grupo de reflexión y sitio web de noticias centrado en cuestiones sociales, económicas, políticas y culturales de Europa central y del este. Vive en Bucarest, Rumanía.

Dirección editorial Georgina Dee

Edición Vivien Antwi

Dirección de arte Phil Ormerod

Equipo de edición Michelle Crane, Rachel Fox, Fay Franklin, Priyanka Kumar, Sally Schafer, Hollie Teague, Sophie Wright

Diseño de cubierta Bess Daly, Maxine Pedliham

Diseño Hansa Babra, Tessa Bindloss, Rahul Kumar, Bhavika Mathur, Marisa Renzullo, Stuti Tiwari

Iconografía Ellen Root, Lucy Sienkowska, Rituraj Singh

Cartografía Subhashree Bharti, Uma Bhattacharya, James Macdonald, Casper Morris

DTP Jason Little, Azeem Siddiqui

Documentación fotográfica Demetrio Carrasco, Rough Guides/Eddie Gerald

Créditos fotográficos

Los editores quieren agradecer a las siguientes entidades su amabilidad al conceder el permiso necesario para reproducir sus fotografías:
Leyenda: a=arriba; b=abajo; c=centro; f=extremo; l=izquierda; r=derecha; t=superior

123RF.com: Michal Bednarek 94cla; Alex Tihonov 96b.

4Corners: Massimo Borchi 61cl; SIME/Davide Erbetta 60tl; Richard Taylor 24-25.

Restaurant Alabárdos: 55cla.

Alamy Stock Photo: AD Photo 4clb; age fotostock/Renaud Visage 3tl, 66-7; Agencja Fotograficzna Caro/Muhs 58t; Alpineguide 31br; Eyal Bartov 91cl; Blend Images/Spaces Images 11cr; Danita Delimont/Jim Engelbrecht 44tl; Zoltan Fabian 77cla; Peter Forsberg 4cla, 89cra; funkyfood London - Paul Williams 100cla; Christophe Gateau/dpa 41br; Eddie Gerald 57br; imageBROKER/Hermann Dobler 72br; Images-Europa 76tl; incamerastock 3tr, 106-7; Interfoto/Fine Arts 88cra; JTB MEDIA CREATION, Inc./JTB Photo 37tl, /UIG 96tl; John Kellerman 4t, 11tl, 11crb, 17tl, 45br, 69cra; 76b, 89bl, 90cra; Andriy Kravchenko 18-9; B. O'Kane 20bc; Bernard O'Kane 18br; Mo Peerbacus 46cr, 61tr; Photicon 70b; SFM GM WORLD 102tl; Endless Travel 45tl; TravelCollection 49cl; TravelCollection/Darshana Borges 64cla; Zoonar GmbH/Heinz Leitner 55tr.

Arany Kaviár Étterem: 73cr.

Asztalka Cukrászda : 79cb.

AWL Images: Ken Scicluna 4cl.

The Big Fish: Barnabas Imre 99bl.

Borbíróság Étterem: 93cr.

Boscolo Budapest: New York Café 98t.

Boutiq'Bar: 59cl.

Bridgeman Images: The Stapleton Collection/Private Collection 40t.

Budai Gesztenye és: 105cr.

Budapest Wine Festival: Zsolt Szigetvary 63cl.

Corbis: Atlantide Phototravel/ Massimo Borchi 18crb, 53crb, 83cla; JAI/Neil Farrin 19tl; Ottochrome/Nathan Benn 36br; Sylvain Sonnet 15tr, 20cl, 43tl; Sygma/ Bernard Bisson 41cl; Xinhua/Attila Volgyi 53tl.

Danubius Hotel Gellért: 20-1c,21cr; Café Astoria 92cla.

Doblo: 56tr, 92br.

Dreamstime.com: Alessandro0770 11bc; Alinamd 38-9c; Anilah 36-7; Artzzz 61br; Asafta 59tl; Michal Bednarek 4b; Belizar 11tr; Ivan Vander Biesen 2tl, 8-9; Bimserd 10bl; Boggy 10cla,13br; Bramble100 37bc; Ccat82 23l; Ciolca 74tl; Demerzel21 10clb, 80tl; Alesia Dmitrienko 75br; Chris Dorney 4cra, 95br; Razvan Ionut Dragomirescu 47br; Dziewul 81b; Shchipkova Elena 2tr, 38-9b, 95cla; Stefano Ember 18cla; Emicristea 29bl; Empipe 49tr; Aaron Frutman 4crb; Ruslan Gilmanshin 52bl; Igorp1976 60br; Jakatics 101br; Laraclarence 22cr; Ihsin Liu 63br; Mikhail Markovskiy 16bc, 46t; Milosk50 12-3; Roland Nagy 78b; Olgalngs 81cra; Tatiana Savvateeva 51b, Scanrail 16cl, 82t; Stephan Scherhag 65br; Sgar80 16-7; Peter Spirer 13ca; Tartalia 30cla; Tomas1111, 7tr,10c; Tupungato 103tcl; Ferenc Ungor 36cla; Wavemovies 37c, 42b; Hilda Weges 30-1, 65t; Noppasin Wongchum 6tl, 69b, 86-7.

Four Seasons Hotels and Resorts - Gresham Palace: 85cr.

Gerbeaud Gasztronomia Ltd: 54t, 57cl.

Getty Images: Bloomberg/Akos Stiller 50tr; DEA/S. Vannini 30crb.

Hungarian Arts & Crafts Festival: 62br.

Hungarian National Assembly: 15bl; Mark Mervai 12bl.

Hungarian National Museum: 34tr, 34cla,34br, 35tl, 35crb.

Hungarian State Opera: Attila Juha 32cla; Attila Juhasz 32-3, 33tl; Attila Nagy 32br; 82br.

iStockphoto.com: ZoltanGabor 1.

Kassák Museum: 104cla.

Magnolia Day Spa: 48tr.

Mary Evans Picture Library: 40bl.

Memories of Hungary: 59cr.

Museum of Fine Arts Budapest: Gyula Benczúr *The Recapture of Buda Castle* 1896 26cl; Károly Ferenczy *Birdsong* 1667 27tc; Lajos Gulácsy *The Garden of the Magician* 1906-1907/Fehér Katalin 29c; Master MS *The Visitation* 1500-1510 26tr; Mihály Munkácsy *The Yawning Apprentice* 1869/Mester Tibor 26crb; József Rippl-Rónai *Woman in a White-Spotted Dress* 1898 28tc; József Rippl-Rónai *The Manor House at* Körtyvelyes 1907/Berényi Zsuzsa 28bl; János Vaszary *Fancy Dress Ball* 1907 28crb.

Oscar American Cocktail Bar: 72cla.

Ötkert: Soós Bertalan 84cl.

Palack Borbar: 79cra.

Rex by Shutterstock: Colorsport 102br; N 51cr.

Robert Harding Picture Library: Stuart Black 70tl; Peter Erik Forsberg 71cla; Eduardo Grund 97cl; Carlo Moruchchio 43cr; Ingolf Pompe 90bl.

SuperStock: age fotostock/Domingo Leiva Nicolas 10crb; imageBROKER 22cla, / Matthias Hauser 23br.

Sziget: Sa ándor Csudai 62t.

Szimpla Kert: 56cl.

Törley Museum: 101cla.

WAMP - Design in the City: 59br.

Wekerle Community Association: Miklós; dr.Toldy 104br.

Cubierta

Delantera y lomo: **iStockphoto.com:** ZoltanGabor.

Trasera: **Alamy Stock Photo:** Yuri Kirilov cla; **Dreamstime.com:** Olga Lupol tl; William Perry crb; Rudi1976 tr; **iStockphoto.com:** ZoltanGabor b.

Mapa desplegable

iStockphoto.com: ZoltanGabor.

Resto de imágenes © Dorling Kindersley

Para más información:
www.dkimages.com

Penguin
Random
House

De la edición española
Coordinación editorial
Cristina Gómez de las Cortinas
Servicios editoriales Moonbook
Traducción DK

Impreso y encuadernado en China

Publicado originalmente en
Gran Bretaña en 2006
por Dorling Kindersley Limited
DK, 20 Vauxhall Bridge Road,
London, SW1V 2SA, UK

Copyright © 2006, 2022 Dorling
Kindersley Limited
Parte de Penguin Random House

Título original Eyewitness Travel
Top 10 Budapest
Octava edición, 2024

ISBN 978-0-241-68293-7

Frases útiles

Emergencias

¡Socorro!	Segítség!
¡Alto!	Stop!
Llame a un médico	Hívjon orvost!
Llame a una ambulancia	Hívjon mentőt!
Llame a la policía	Hívja a rendőrséget
Llame a los bomberos	Hívja a tűzoltókat!
¿Dónde está el teléfono más cercano?	Hol van a legközelebbi telefon?
¿Dónde está el hospital más cercano?	Hol van a legközelebbi kórház?

Comunicación básica

Sí/No	Igen/Nem
Por favor (para ofrecer algo)	Tessék
Por favor (para pedir algo)	Kérem
Gracias	Köszönöm
No, gracias	Köszönöm nem
Disculpe, por favor	Bocsánatot kérek
Hola	Jó napot
Adiós	Viszontlátásra
¿Qué?	Mi?
¿Cuándo?	Mikor?
¿Por qué?	Miért?
¿Dónde?	Hol?

Frases habituales

¿Cómo está?	Hogy van?
Muy bien, gracias	köszönöm nagyon jól
Encantado de conocerte	Örülök hogy megismerhettem
¿Dónde puedo encontrar...?	Hol kaphatok …-t?
¿Cómo se llega a...?	Hogy lehet …-ba eljutni?
¿Habla usted inglés?	Beszél angolul?
No sé hablar húngaro	Nem beszélek magyarul
No comprendo	Nem értem
¿Puede usted ayudarme?	Kérhetem a segítségét?
Por favor, hable más despacio	Tessék lassabban beszélni
¡Lo siento!	Elnézést!

Palabras habituales

grande	nagy
pequeño	kicsi
caliente	forró
frío	hideg
bueno	jó
malo	rossz
abierto	nyitva
cerrado	zárva
izquierda	bal
derecha	jobb
entrada	bejárat
salida	kijárat

servicio	WC
libre/no ocupado	szabad
gratis/sin coste	ingyen

Llamar por teléfono

¿Puedo llamar al extranjero desde aquí?	Telefonálhatok innen külföldre?
¿Podría dejar un mensaje?	Hagyhatnék egy üzenetet?
Espere	Várjon!

De compras

¿Cuánto es esto?	Ez mennyibe kerül?
¿Tiene...?	Kapható önöknél…?
¿Aceptan tarjeta de crédito?	Elfogadják a hitelkártyákat?
¿A qué hora abren/cierran?	Hánykor nyitnak/zárnak?
este	ez
caro	drága
barato	olcsó
talla	méret
blanco	fehér
negro	fekete
rojo	piros
amarillo	sárga
verde	zöld
azul	kék
marrón	barna

Tipos de tiendas

anticuario	régiségkeres-kedő
banco	bank
librería	könyvesbolt
pastelería	cukrászda
farmacia	patika
grandes almacenes	áruház
floristería	virágüzlet
tienda de alimentación	élelmiszerbolt
mercado	piac
quiosco	újságos
oficina de correos	postahivatal
zapatería	cipőbolt
tienda de regalos	ajándékbolt
estanco	trafik
agencia de viajes	utazási iroda

Visitando la ciudad

autobús	autóbusz
tranvía	villamos
tren	vonat
metro	metró
parada de autobús	buszmegálló
galería de arte	képcsarnok
palacio	palota
iglesia	templom
jardín	kert
biblioteca	könyvtár
museo	múzeum
oficina de turismo	túristahivatal
cerrado por festivo	ünnepnap zárva

En el hotel

¿Tiene alguna habitación libre?	Van kiadó szobájuk?
habitación doble con cama de matrimonio	francia-ágyas szoba
habitación con dos camas	kétágyas szoba
habitación individual	egyágyas szoba
habitación con baño/ducha	fürdőszobás/ zuhanyzós szoba
botones	portás
llave	kulcs
Tengo reserva	Foglaltam egy szobát

En el restaurante

Una mesa para... por favor	Egy asztalt szeretnék... személyre
Quisiera reservar una mesa	Szeretnékegy asztalt foglalni
La cuenta, por favor	Kérem a számlát
Soy vegetariano	Vegetáriánnus vagyok
Quisiera...	Szeretnék-egy...-t
camarero/ camarera	pincér/ pincérnő
carta	étlap
carta de vinos	borlap
carta de bebidas	itallap
copa	pohár
botella	üveg
cuchillo	kés
tenedor	villa
cuchara	kanál
desayuno	reggeli
comida	ebéd
cena	vacsora
platos principales	főételek
entrantes	előételek
postres	desszertek
poco hecho	angolosan
muy hecho	átsütve

La carta

ásványvíz	agua mineral
bárány	cordero
bors	pimienta
csirke	pollo
csokoládé	chocolate
cukor	azúcar
ecet	vinagre
fagylalt	helado
fehérbor	vino blanco
fokhagyma	ajo
főtt	cocido
gomba	champiñones
gyümölcs	fruta
gyümölcslé	zumo
hagyma	cebollas
hal	pescado
hús	carne
kávé	café
kenyér	pan
krumpli	patatas
kolbász	salchicha
leves	sopa
marha	ternera
mustár	mostaza
paradicsom	tomates

párolt	al vapor
rizs	arroz
bifsztek	filete
roston	a la brasa
sajt	queso
saláta	ensalada
sertéshús	cerdo
só	sal
sonka	jamón
sör	cerveza
sült	frito/asado
sült burgonya	patatas fritas
sütemény	bizcocho, dulces
tea	té
tej	leche
tejszín	nata
tengeri hal	marisco
tojás	huevo
vörösbor	vino tinto
zsemle	pan
zsemlegom-bóc	buñuelos

Números

0	nulla
1	egy
2	kettő, két
3	három
4	négy
5	öt
6	hat
7	hét
8	nyolc
9	kilenc
10	tíz
11	tizenegy
12	tizenkettő
13	tizenhárom
14	tizennégy
15	tizenöt
16	tizenhat
17	tizenhét
18	tizennyolc
19	tizenkilenc
20	húsz
30	harminc
40	negyven
50	ötven
60	hatvan
70	hetven
80	nyolcvan
90	kilencven
100	száz
1.000	ezer
10.000	tízezer
1.000.000	millió

Tiempo

un minuto	egy perc
hora	óra
media hora	félóra
domingo	vasárnap
lunes	hétfő
martes	kedd
miércoles	szerda
jueves	csütörtök
viernes	péntek
sábado	szombat

Calles principales